Notícias do Coração

Notícias do Coração

Pelo espírito Julius

Psicografia de Mônica Antunes Ventre

Notícias do coração
pelo espírito Julius
psicografia de Mônica Antunes Ventre
Copyright © 2016 by Lúmen Editorial Ltda.

6ª edição – Agosto de 2021

Coordenação editorial: Ronaldo A. Sperdutti
Revisão: Rita Sorrocha
Projeto gráfico e arte da capa: Ricardo Brito | Estúdio Design do Livro Imagem da capa: *CoffeeAndMilk | iStockphoto*
Impressão e acabamento: Renovagraf

Dados Internacionais de Catalogação na Publicação (CIP)
(Câmara Brasileira do Livro, SP, Brasil)

Julius (Espírito).
  Notícias do coração / pelo Espírito Julius ; psicografia de Mônica Antunes Ventre. – São Paulo : Lúmen Editorial, 2016.

  ISBN 978-85-7813-171-5

  1. Espiritismo 2. Psicografia 3. Romance espírita I. Ventre, Mônica Antunes. II. Título.

16-02918   CDD-133.9

Índice para catálogo sistemático:
1. Romance espírita psicografado : Espiritismo   133.9

Av. Porto Ferreira, 1031 | Parque Iracema
CEP 15809-020 | Catanduva-SP
17 3531.4444
www.lumeneditorial.com.br | atendimento@lumeneditorial.com.br
www.boanova.net | boanova@boanova.net

2021
Proibida a reprodução total ou parcial desta
obra sem prévia autorização da editora

Impresso no Brasil – *Printed in Brazil*
6-08-21-250-3.950

Agradecimentos

Meu eterno agradecimento a Deus, à espiritualidade, ao meu mentor Julius, que me acompanha e me orienta em tantas existências, a minha família e aos amigos que acreditaram em mim. Este trabalho é fruto de muito amor, parceria e com a total certeza da continuidade da vida no mundo espiritual.

Sumário

CAPÍTULO 1:   *O primeiro desafio, 9*

CAPÍTULO 2:   *Nova versão dos fatos, 15*

CAPÍTULO 3:   *Despertar de sentimentos, 23*

CAPÍTULO 4:   *O reencontro, 29*

CAPÍTULO 5:   *Um convite especial, 39*

CAPÍTULO 6:   *Destinos entrelaçados, 47*

CAPÍTULO 7:   *Dívidas passadas, 55*

CAPÍTULO 8:   *O livre-arbítrio, 61*

CAPÍTULO 9:   *Fim da linha, 69*

CAPÍTULO 10:   *Novos rumos, 77*

Capítulo 11: Os preparativos, 85

Capítulo 12: Enfim, a mudança, 93

Capítulo 13: O recomeço, 103

Capítulo 14: Aprofundando os laços, 111

Capítulo 15: Resgate de outras vidas, 119

Capítulo 16: Outra visão, 129

Capítulo 17: A descoberta, 137

Capítulo 18: Segredo revelado, 145

Capítulo 19: Arrependendo-se dos erros, 155

Capítulo 20: O julgamento, 165

Capítulo 21: Tudo volta ao normal, 175

Capítulo 22: À frente dos acontecimentos, 183

Capítulo 23: Mudança de atitude, 191

Capítulo 24: Novos tempos, 199

Capítulo 25: Eternamente juntos, 207

Capítulo 1
O primeiro desafio

Juliana caminhava a passos largos. Seria mais uma entrevista de emprego de dezenas que fizera. Tinha esperança dessa vez. Não sabia por quê, mas algo dentro dela dizia que iria dar certo.

Olhou para o relógio, eram 15 horas em ponto. Assim que chegou à redação, encaminharam-na para uma saleta na qual ficou aguardando por um determinado tempo.

Logo um senhor de meia idade entrou pela porta e se apresentou como Floriano. Era o editor-chefe do jornal. Juliana, após longa entrevista, já se sentia à vontade. Mais um pouco de perguntas e por fim chegava ao final de mais uma entrevista. Algo lhe dizia para confiar que correria tudo bem.

De volta para casa, encontrou sua mãe preparando o jantar, que ansiosa perguntou:

— Então, diga-me, como foi?

Juliana começou a contar.

— O senhor que me atendeu parece ser muito boa pessoa e de integridade confiável. Ele pediu para aguardar um telefonema, para dizer se irá ou não me contratar.

Depois de muito conversar com a mãe, subiu para tomar um banho e depois jantar. Roberto, pai de Juliana, acabara de chegar. Ele e a esposa, Darcy, casaram-se muito cedo e tiveram dois filhos, Juliana, a mais velha, e Fábio, quatro anos mais novo.

Fábio era um jovem muito diferente de sua irmã. Não queria compromisso com nada, embora já tivesse idade para tal. Contava agora com 26 anos, e Juliana acabara de fazer 30.

O pai estava aborrecido com a falta de comprometimento de seu filho. Fábio não queria ajudá-lo na oficina mecânica, a qual Roberto já possuía há mais de vinte anos. Dizia que não era serviço para ele sujar as mãos de graxa e óleo, que iria ganhar mais facilmente o dinheiro sem se esforçar tanto para tê-lo.

Roberto entristecia-se vendo a atitude do filho, mas o que poderia fazer?

Já Darcy, sua mãe, sempre passava a mão na cabeça do filho, dizendo que ele ainda era muito jovem para ter essa responsabilidade.

Mesa posta, todos jantaram em paz, cada qual com seus pensamentos e problemas.

Após o jantar, Roberto sempre assistia à televisão, enquanto Darcy lavava a louça e Juliana ficava no computador vendo as últimas notícias.

Fábio acabara de chegar e, sem cumprimentar ninguém, subiu para o quarto. Seu olhar mostrava certa inquietude. Andava de um lado para outro como um leão enjaulado. Pensamentos mil rondavam-lhe a cabeça. Precisava de dinheiro.

A noite ia longe quando Juliana finalmente conseguiu pegar no sono.

Logo cedo tocou o telefone. Era da redação, e Juliana mal acreditava que havia sido contratada.

Feliz, comunicou aos pais. Tomou café e foi em direção à redação para seu primeiro dia de trabalho. Estava ansiosa. Quando chegou, logo lhe indicaram a mesa em que deveria ficar para escrever suas matérias.

Viu o senhor Floriano apressado. Queria lhe agradecer a oportunidade, mas não teve tempo para isso. Ele passou como um furacão por ela. Era assim, sempre pronto a correr atrás de alguma notícia para seu jornal.

Juliana aos poucos ia vendo o dia a dia do jornal, do qual agora fazia parte. Finalmente empregada, depois de quase um ano a procura de emprego, teria condições de ajudar seus pais e enfim sonhar com a carreira a que tanto aspirava.

O tempo passou rapidamente, e já se contavam dois meses que Juliana estava trabalhando no jornal "Última hora". Feliz com a nova rotina, a jovem via desenrolar sua vida de forma tranquila.

Certo dia, seu Floriano a chamou para ir até sua sala:

— Juliana — falou ele, rispidamente —, quero que investigue sobre o caso de desvio de verba que ocorreu na indústria têxtil Algodão em Fio. Sabemos somente o que os outros jornais noticiam. Preciso que investigue a fundo para mim.

Pela primeira vez no novo emprego, Juliana sentia o peso da responsabilidade em suas mãos.

Sabia que não podia decepcionar seu Floriano; no entanto, perguntava-se se estava preparada para tal tarefa.

Mas, afinal, para que estudara tanto? Era ou não uma jornalista? Agora seria a hora de mostrar.

Capítulo 2
Nova versão dos fatos

Juliana planejava ir até a indústria têxtil o quanto antes para ver o que podia colher de informações a respeito do tal escândalo.

Os jornais só veiculavam essa notícia.

Sabia, através deles, que o dono da empresa era um homem arrogante e prepotente, que não tinha limites para sua ganância. Mas seria isso mesmo? Precisaria ver pessoalmente.

No dia seguinte, levantou-se cedo, tomou café e beijou a mãe. Esta se despediu da filha como sempre, abençoando o seu dia de trabalho.

Juliana colocou uma calça preta e uma jaqueta azul combinando com o par de brincos. Estava elegante, porém discreta. Queria causar boa impressão, caso conseguisse um horário com o tal gestor.

Seu nome era Fernando Brandão, um homem de aproximadamente 40 anos ou um pouco mais velho que isso.

Havia herdado a indústria de seu pai, que morrera num acidente automobilístico. Todos diziam que ele era bem diferente do pai, pois este tratava a todos os funcionários como se fossem seus filhos, enquanto Fernando mal os cumprimentava.

Juliana, enfim, estava agora na porta da indústria. Alguns jornalistas também estavam lá. Ela tentou conversar com os funcionários da portaria, fazendo-se passar por compradora de tecidos, mas não houve meio de deixarem-na entrar. Os seguranças tinham ordens, nesses dias de tumulto, para não deixarem ninguém passar.

Porém, perto da hora do almoço, a insistência dos jornalistas começava a ceder, e aos poucos o local foi ficando vazio, de forma a praticamente não restar ninguém. Juliana havia trazido uma maçã na bolsa. Imaginava poder precisar dela, o que realmente aconteceu.

Em uma brecha da portaria — era troca de turno —, Juliana conseguiu entrar na famosa empresa. Os seguranças conversavam e o portão encontrava-se entreaberto, o que a permitiu passar com toda a rapidez.

Havia um saguão bonito na entrada, com um lustre grande e majestoso. Alguns quadros e corredores, que saíam desse saguão. Nesses corredores, portas que, acreditava-se, se abririam para as salas.

Uma delas deveria ser a de Fernando! Sabia que os galpões onde os tecidos eram produzidos ficavam mais adiante, nos fundos da indústria. Pôde ver por uma brecha que eram gigantes e ouvia meio que ao longe o barulho dos maquinários.

Bem, agora teria que mais uma vez ser rápida e encontrar a sala do presidente.

Havia uma que possuía duas portas que fechavam entre si. Era a única. Acreditou ser ela, talvez por ser a mais imponente. Não estava trancada. Entrou. Com certeza era de alguém importante. Móveis sóbrios, mas elegantes, encontravam-se dispostos com harmonia no ambiente.

Uma mesa maior com volume grande de papéis e um computador também se encontravam no local; provavelmente alguém estivera ali há pouco.

Havia, também, num porta-retrato a foto de uma família. Um homem mais velho, uma mulher e uma criança, um menino. Parecia uma família não muito feliz! Em seus rostos notava-se algo de tristeza ou seriedade.

Resolveu sentar e esperar. Alguém haveria de aparecer.

Quase uma hora mais tarde, pôde ver um homem de camisa branca e calça risca de giz entrar pela sala.

Tinha as mangas arregaçadas e a barba por fazer. Os cabelos nem lisos nem cacheados davam-lhe um ar sério, mas jovial. "É um homem bonito", pensou!

Ao vê-la, Fernando indignou-se e dirigiu-se a ela com uma fúria que lhe era peculiar nos últimos tempos.

— O que está fazendo aqui? Quem a deixou entrar?

Juliana tentou explicar, mas viu que primeiro ele teria de se acalmar.

Fernando, por sua vez, viu em Juliana motivos para que seus questionamentos pudessem esperar. A jovem tinha cabelos negros, pele morena e olhos encantadores. Resolveu deixar que ela se explicasse, embora ainda meio inconformado.

Juliana então começou a falar sobre o que a trazia ali.

Apresentou-se dizendo que era do jornal "Última Hora" e que estava ali porque não acreditava nos boatos que vinham sendo divulgados, então gostaria de ouvir uma nova versão. Essa fora sua tática de jornalista.

Fernando viu naquele momento uma forma de poder se defender. Era a chance de mostrar o que realmente acontecera, ao contrário dos noticiários, que faziam questão de contar a versão que mais lhes convinha.

Sentaram-se e, finalmente, Fernando começou a falar.

Pediu que não gravasse, e Juliana concordou.

Fernando contou que, no início, a indústria de seu pai, fundada por ele, era próspera. De porte pequeno, começou a crescer com a qualidade de seu produto.

Seu pai era um bom trabalhador e não media esforços. Ficava do amanhecer ao anoitecer trabalhando na indústria.

Pois bem, a fábrica aumentou e o número de empregados também. Seu pai viu a possibilidade de poder se afastar um pouco de tanto trabalho. Passou a jogar à noite com amigos e já não ia tão cedo para a indústria. Pôquer era seu jogo preferido. No início, partidas e mais partidas não comprometiam o que havia construído, mas foi perdendo e apostava agora lucros que pertenciam à empresa. Dessa forma, começou a ruir e a dever, pois a sorte não estava mais andando a seu lado.

Certo dia, após uma noite de jogos e altas doses de bebida, seu pai teve um grave acidente dirigindo seu carro, o que o fez perder a vida.

Fernando, filho único, herdou a fábrica de tecidos, sabendo dos problemas que enfrentava, mas nada disse para não sujar a imagem de seu pai. A mãe, Virgínia, já possuía certa idade, e Fernando não queria que ela se aborrecesse, caso lhe fosse contado o que de fato acontecia, embora a senhora já soubesse com quem havia se casado. Dessa forma, o filho continuou a tocar a fábrica, lidando aqui e ali com os credores, que insistiam em dizer aos quatro cantos que ele desviava dinheiro, colocando a empresa em dificuldades. Mas agora Juliana sabia que a história não era bem assim.

Terminaram a conversa, sendo que Juliana prometera não divulgar a real história, mas tentaria passar uma nova imagem do que aconteceu.

Capítulo 3
Despertar de sentimentos

Juliana saíu aliviada da indústria, pois conseguira estar com o dono da empresa e fazer a reportagem. No entanto, não poderia dizer a verdade. Prometeu e também não queria prejudicar Fernando ainda mais.

Algo nele fez com que a jovem visse que era um homem bom. Somente queria passar uma imagem de durão para que fosse respeitado e temido.

Mas com ela isso não funcionara. Conseguiu ver em seus olhos que ele não era assim.

Bem, agora tinha de pensar numa outra história para que seu Floriano ficasse satisfeito.

Sabia que naquela noite seria difícil pegar no sono. Já eram 4 da manhã e Juliana levantou-se sem pregar os olhos. A casa estava toda quieta. Seus pais dormiam, e Fábio acabara de chegar e deitar.

Juliana olhou para o céu da janela de seu quarto e pediu, olhando as estrelas, uma luz para que no dia seguinte pudesse contar a seu chefe uma história na qual ele e os outros acreditassem.

Agora eram 6 da manhã e Juliana pôs-se a preparar um café. Geralmente era sua mãe que o fazia, mas naquele dia, excepcionalmente, ela é que estava fazendo, já que mal havia dormido.

Pensou em inúmeras possibilidades de histórias para fazer a matéria, mas nenhuma que pudesse desmistificar o que os outros noticiários diziam.

Juliana pensou então em contar a seu Floriano que Fernando não era aquele homem que falavam. Mas como provar?

Seu Floriano não estava ali para fazer caridade ou política de boa vizinhança. Queria, como todos os outros, vender notícia ou ter a melhor a ser veiculada.

Bem, então como agir?

Juliana diria que Fernando havia sido vítima de um golpe de extorsão e que lutava para sair do buraco em que a empresa de seu pai se encontrava. Não estava falando nenhuma mentira, afinal o pai foi vítima de agiotas. Mas sabia que não era bem assim. Seu Floriano perguntaria das provas sobre isso, e Juliana falaria que era o que Fernando havia contado e pronto.

Neste mundo de conveniências, a verdade não se destaca, mas Juliana queria ser correta em seu profissionalismo e em sua consciência, o que a impediu de agir ao contrário.

Portanto, contaria essa história que era a melhor a ser escrita.

Chegando ao jornal logo pela manhã, Juliana foi direto à sala de seu Floriano. Ele ainda não havia chegado. Realmente, a jovem sim chegara um pouco mais cedo do que de costume. Resolveu esperar. Sabia que logo mais seu chefe entraria por aquela porta.

E como previsto, lá estava ela frente a frente com ele.

Seu Floriano então disparou:

— Espero que tenha me trazido boas notícias.

Juliana sentiu um frio percorrer sua espinha e começou a contar o que conseguira na entrevista com Fernando Brandão.

Seu Floriano demonstrou pouco acreditar no que Juliana dizia, mas quando pediu para que fosse atrás do tal empresário, sabia que seria difícil conseguir a verdade.

Para surpresa de Juliana, seu chefe pediu que escrevesse algo a respeito, mas que continuasse investigando e assim que soubesse de algo mais, comunicasse a ele.

Ela assim o fez. Empenhou-se em redigir o texto o melhor que pôde, sem piorar a imagem de Fernando.

Sabia que precisaria voltar à fábrica de tecidos, mas não estava achando ruim. Adoraria rever aquele homem que, certamente, tinha um bom coração e havia mexido com o mais profundo de seus sentimentos. Há algum tempo que Juliana não se sentia assim. Pensando bem, talvez nunca sentira tal sensação.

Capítulo 4
O reencontro

Os dias corriam de forma natural, com uma notícia aqui e outra ali, mas sem grandes novidades.

O caso da indústria Algodão em Fio já não ocupava as manchetes dos jornais. Não que tivesse sido esquecido, mas dera lugar às notícias do dia a dia.

Em casa, dona Darcy seguia sua rotina de dona do lar, porém havia uma amargura em seu coração. Não era o destino que imaginava para si. Sonhara com uma vida de conforto e até certo luxo, mas quando conhecera Roberto, ela se apaixonara. Seu jeito meio truculento, naquele momento, a havia encantado, e logo estavam casados.

Roberto também, de sua parte, viu em Darcy uma mãe para seus filhos.

Darcy logo engravidou de Juliana e depois de Fábio. A vida que já não era de luxo, como gostaria que fosse, agora, com dois pequenos para dar de comer e criar, ficou ainda mais apertada. Mas nunca lhes faltou o pão ou ocorreu algo que os deixasse infelizes.

Roberto, trabalhando na oficina mecânica, conseguiu dar à família o sustento e o amparo de pai e de homem responsável com suas obrigações. Sempre honesto, era querido por todos na vizinhança e pelos clientes, que sabiam da qualidade de seu serviço.

Juliana certa vez contara sobre sua vontade de fazer uma faculdade, e o pai, muito satisfeito, empenhou-se em pagar o curso para que a filha fosse alguém na vida. Não que se sentisse infeliz, mas não tivera a oportunidade de estudar; por essa razão queria oferecer a seus filhos o que a vida não lhe dera. Roberto então pagou, com muito esforço, a faculdade de Jornalismo com que tanto Juliana sonhara, mas não pôde fazer o mesmo por seu filho Fábio. Havia proposto inúmeras vezes a ele ensinar-lhe seu ofício de mecânico ou pagar algum curso que quisesse estudar, assim como Juliana, mas o rapaz não se interessou. Aliás, Roberto se perguntava pelo que Fábio se interessava.

Roberto via o filho para cima e para baixo em companhia de pessoas das quais não gostava. Na realidade não conhecia ao certo os amigos do jovem, apenas notava algo que lhes denunciava o caráter duvidoso.

Juliana queria arrumar um jeito de voltar à fábrica. Lembrava-se da conversa com Fernando. Aliás, ele já fazia parte de seus pensamentos, e a jovem ansiava em poder estar junto dele novamente.

Decidiu ir até lá na manhã seguinte.

Assim que amanheceu, Juliana foi à indústria para ver o que poderia descobrir a respeito do que Fernando lhe contara. Na realidade sabia que nada mais poderia ser dito, mas era uma desculpa para ela mesma de voltar a vê-lo.

Dessa vez foi mais fácil entrar. Já não havia mais jornalistas na porta da fábrica, e disse que tinha interesse em comprar os tecidos, marcando um horário.

Logo se encontrava novamente na sala de Fernando, e seu coração parecia que não iria suportar de tamanha ansiedade e felicidade.

"O que está acontecendo comigo", Juliana pensava. Estaria apaixonada? Mas como? Nem conhecia Fernando direito. E com que base se apaixonara? Não sabia nada a seu respeito, do que gostava, ou se tinha namorada ou algo assim. Sabia que havia sido casado, mas não tinha filhos.

Fernando, ao vê-la, esboçou um sorriso, embora uma ruga também se fizesse presente em seu rosto.

Ele então perguntou:

— Por acaso não ficou contente com o que lhe disse a meu respeito ou também quer me punir assim como os outros fazem? Pensei que houvesse sido claro quando lhe contei a minha história.

Juliana, desconcertada, logo tratou de fazer-se entender e de dizer que na verdade gostaria somente de saber se ele havia gostado do que ela escrevera em seu jornal.

Fernando, meio sem graça com a própria intolerância, disse que realmente lera e que ficara agradecido por não ser ela mais uma pessoa a crucificá-lo.

"Eu jamais seria capaz de fazer isso", pensou ela com seus botões, não depois de ter conhecido Fernando. Sabia que lá no fundo apaixonara-se por ele. Como isso aconteceu nem ela mesma sabia ao certo. Mas havia acontecido.

Juliana tratou de respirar fundo e falou:

— Sr. Fernando, como lhe disse, sou uma jornalista que honra sua profissão. Se disse ao senhor que seria isso mesmo que redigiria, então assim o foi.

Fernando ficou impressionado como uma menina — sim, pois para ele era essa a impressão que passava — falava tão segura de si e com ar de mulher madura.

— Enfim — continuou Juliana —, o senhor acha que algo mudou depois que minha reportagem saiu?

— Certamente — respondeu Fernando. — Desculpe-me por falar assim. Sei como os jornalistas têm sede de levar as notícias aos leitores, e muitas vezes a reportagem não é fiel ao que foi dito, mas vejo que com você é diferente e por isso quero lhe agradecer por não ser mais uma a me prejudicar.

Juliana viu a sinceridade nas palavras de Fernando e ficou feliz pelo reconhecimento.

— Bem — continuou Juliana —, vim mesmo, como lhe disse, para perguntar se havia gostado e lido sobre o que escrevi. Sendo assim... — e levantou-se da cadeira com menção de ir embora.

Fernando segurou-a pelo braço instintivamente, e ela estremeceu ao seu toque. Ficaram os dois assim por alguns segundos, e Fernando falou:

— Desculpe-me por segurá-la assim, só queria que não fosse embora de repente. Você foi uma das poucas pessoas, senão a única, a confiar em mim, e queria agradecer por isso.

— Bem, apenas cumpri minha missão como jornalista.

— Não — falou Fernando —, você fez mais do que isso; deu-me a oportunidade de dizer como tudo aconteceu e, dessa forma, fez com que eu mesmo voltasse a acreditar em mim. Há muito já não sabia o que fazer. Hoje sei que o caminho que devo seguir é o de reerguer a fábrica de meu pai e enterrar o passado, e você me ajudou a tomar essa decisão.

Juliana ficou corada e sem saber o que dizer. Sentou-se novamente e quis agora saber mais detalhes de como ele agiria para que isso acontecesse.

Fernando, agora mais relaxado, começou a contar. No final, ele pediu o telefone da jornalista com a desculpa de que ligaria se precisasse de algo.

Juliana prontamente lhe passou o número de seu celular, e por fim despediram-se.

"Bem", pensava Juliana, "agora ele tem meu telefone". Se quisesse realmente vê-la, ligaria. E saiu feliz da fábrica.

Não contou a seu Floriano que estivera na fábrica novamente. Não, ele não precisaria saber disso. Aliás, nem ele nem ninguém.

Uma esperança encheu-lhe o coração.

Juliana chegou a sua casa e foi direto para o banho. Mais tarde, jantou com os pais.

A noite ia longe, e a jovem, deitada, olhando as estrelas, finalmente conseguiu dormir.

Sonhou que estava numa praça muito bonita, arborizada, com flores lindas. Fernando vinha ao seu encontro. Trajava um terno bonito e estava muito elegante. Enquanto conversavam, ele segurava sua mão. Parecia que já se conheciam e não tinham a formalidade de antes.

Acordou mais tarde. Não queria despertar. Desejava permanecer mais tempo ao lado de Fernando. Seria verdade o sonho? Dizem que algumas pessoas com as quais temos afinidades são de outras vidas. Seria isso? Poderia já ter conhecido Fernando em outras vidas?

Não importava. Gostaria que aquele sonho se repetisse todas as noites. Queria estar ao lado dele sempre. Mas teve de deixar de lado esses pensamentos, senão iria se atrasar para o jornal.

Capítulo 5
Um convite especial

Os dias foram passando, e notícias chegavam e saíam do jornal.

A cidade em que Juliana vivia não era exatamente uma megalópole, mas adquirira, com o tempo, uma boa quantidade de habitantes, ficando longe de ser uma cidadezinha do interior.

O setor industrial crescera, assim como o comércio, e muitas pessoas vinham atrás de novas oportunidades. Com isso, o padrão financeiro subiu. Aumentaram também as dificuldades, mas isso fazia parte do progresso e do desenvolvimento. "Será mesmo?", pensava Juliana.

Sua visão de jornalista e ser humano trazia a opinião de que nem sempre as pessoas tinham as oportunidades pelas quais lutavam a vida toda. Alguns eram beneficiados sem nada ter feito para isso.

Achava que muitas injustiças eram cometidas em nome do poder ou da ganância. Não concordava com esse método. Acreditava que, por meios legais e honestos, era possível ter condições de trilhar caminhos, sem que para isso precisasse prejudicar alguém.

Sua família não possuía uma religião definida, mas passara-lhe valores, principalmente seu pai Roberto, do que era certo ou errado.

A mãe, pelo que podia perceber, não tinha nenhuma crença ou acreditava em algo que a fizesse uma pessoa com mais esperança. Possuía uma revolta interior que a tornava uma pessoa amarga, embora pudesse ver em seu íntimo que sonhava com alguma coisa como se fosse uma menina.

O pai possuía no fundo da oficina uma imagem de São José, e havia aos pés do santo um terço. Dissera que fora de sua mãe e que ganhara a imagem de um freguês para protegê-lo; desde então sempre pedia proteção.

Homem simples e de bom coração, honesto e trabalhador, isso bastava para Juliana. Ficava feliz em tê-lo como pai, ao contrário de seu irmão, que tinha vergonha e procurava afastar-se ao máximo dele.

Juliana estava feliz com seu trabalho. Gostava daquele ambiente de corre-corre, onde tudo podia mudar a qualquer hora. De notícia em notícia, fazia seu papel de jornalista, e seu Floriano via na funcionária uma profissional com quem podia contar em seu jornal.

Certo dia, perto da hora do almoço, o celular de Juliana tocou. Não reconhecia o número do telefone, mas atendeu.

Era Fernando. Ela empalideceu. Embora quisesse que Fernando ligasse, não acreditava que de fato o fizesse.

— Como vai, Juliana? Aceitaria ir jantar comigo? Estou precisando conversar e queria que pudesse me ouvir, e, quem sabe, me dar uns conselhos — riu ele, num tom de esperança.

Juliana, prontamente, aceitou o convite, e combinaram para logo mais à noite.

Iriam se encontrar em um restaurante simples, mais ao centro, onde ninguém pudesse os reconhecer.

Assim que chegou do jornal, Juliana disse para Darcy que naquela noite não jantaria em casa. Havia marcado com uma amiga e quem sabe talvez fossem ao cinema. Achou melhor dizer sobre o cinema, pois não tinha ideia do quanto iria demorar.

Darcy ficou desconfiada. Juliana não era de sair. Já seu pai, Roberto, incentivou, dizendo que a filha estava trabalhando muito e precisava se distrair.

Juliana pensou em qual roupa usar. Colocou um vestido amarelo, simples e discreto. Seu tom de pele moreno ficava muito bem em contraste com a cor do vestido.

Preferiu deixar os cabelos soltos. E estava pronta. Não gostava muito de se maquiar, só um batom e umas gotas de perfume.

Esperava causar boa impressão.

Chegou pontualmente ao restaurante. Eram 20 horas. Achou melhor esperar do lado de fora. E se ele resolvesse desistir? Não queria ter de se levantar e ir embora sozinha.

Mas isso não aconteceu. Pôde ver um carro estacionando ali perto, e dele saiu Fernando. O coração parecia que iria saltar do peito, mas procurou se controlar e não deixar transparecer.

Fernando, assim que chegou, deu-lhe um beijo no rosto, o que a fez corar mais uma vez.

Entraram no restaurante. O empresário estava como sempre. Tinha um toque de despojamento em sua roupa, o que dava a ele um tom de menino, embora soubesse de seus 40 e poucos anos.

Escolheram algo simples para comer. Juliana e Fernando concordaram em pedir uma massa. Ele era descendente de italianos e sempre que podia dava preferência a esse prato.

Após o jantar, conversaram sobre a rotina do dia a dia e a respeito do trabalho de ambos, até que Fernando começou a falar sobre o que o trouxera até ali.

Comentou com Juliana que seu pai tinha algumas propriedades ainda, pois a mãe não queria se desfazer de nada, e um haras com alguns cavalos. Cinquenta por cento dessas propriedades pertenciam a sua mãe e por isso não haviam sido vendidas nem confiscadas pelos credores. Tudo quanto pôde Fernando vendeu para pagar as dívidas, mas ainda restavam três propriedades e o haras, pelo qual possuía um imenso carinho.

Fernando então contou que há muito montara cavalos e que participara de torneios. Claro que isso já fazia algum tempo, mas nada que com um bom treino não pudesse voltar, embora já não fosse tão novo.

Pensou em promover um evento, no qual pudesse levantar fundos.

Juliana achou a ideia excelente e disse que poderia contar com ela para o que precisasse.

Fernando ficou feliz. Sabia mesmo que poderia contar com ela.

Levantaram-se da mesa e saíram do restaurante. Fernando levou Juliana até bem próximo a casa da moça. Despediram-se e um novo beijo no rosto, agora mais demorado.

Ao entrar, Juliana viu que a mãe ainda assistia a televisão, mas despediu-se rapidamente com um cumprimento de boa noite. Não queria conversar naquele momento. Desejava somente estar sozinha e olhar as estrelas da janela de seu quarto para que pudesse sonhar.

Capítulo 6
Destinos entrelaçados

Fernando levantou de manhã entusiasmado. Há muito não se sentia assim. Conversar com Juliana fizera-lhe muito bem. Não sabia ao certo o que sentia, mas gostava de estar perto dela.

Juliana era uma moça bonita, é verdade, mas não era por isso que se encantara. Gostava de sua personalidade madura, embora a visse como uma menina.

Ela lhe trazia algo de puro e honesto ao mesmo tempo. Ter essa sensação era muito bom, visto que nos últimos tempos lidara com tantas pessoas inescrupulosas, fazendo acordos. Ter alguém perto de si que não lhe queria tirar nada para proveito próprio era gratificante.

Pensava agora que deveria fazer os contatos com seus velhos amigos que montavam e que cavalgaram com ele. Bem, isso fora no passado. Não sabia ao certo se agora, depois de tantas difamações, essas pessoas aceitariam seu convite para o torneio, mas mesmo assim começou a dar os telefonemas. Ficou a manhã toda ligando para um e para outro conhecido. Aquela competição possibilitaria dar a alavancada de que sua fábrica precisava, tanto financeiramente como socialmente, envolvendo a sociedade num evento que era uma mistura de esporte e comemoração, no qual os convidados — principalmente as mulheres — poderiam usar suas melhores roupas, o que de certa forma favorecia uma indústria têxtil. Essa ideia do torneio era com certeza um bom negócio.

Dos telefonemas que dera aos conhecidos, alguns se mostraram desconfiados, outros simplesmente não atenderam, mas ficou feliz com o resultado. Seu grande amigo Oswaldo havia concordado em participar e ajudar na organização. Paulo também, seu outro amigo de infância, ficou feliz em poder compartilhar de um evento assim. Fazia tempo que não participava de competições. Sabia que na realidade era mais uma demonstração dos cavalos que propriamente uma competição, mas estava animado com toda essa história.

Fernando fez também alguns convites para outros haras, e estes ficaram de pensar.

Para o primeiro dia de divulgação do evento, até que Fernando obteve bons resultados. Via então uma luz no fim do túnel.

Juliana ficou toda a manhã na redação do jornal, embora seu pensamento não estivesse lá. Adorou ter saído com Fernando. Será que sairiam outras vezes? Será que ele a convidou somente porque queria que o ajudasse? Não sabia ao certo. Só o tempo poderia dar-lhe essas respostas. Não queria pensar nisso naquele momento.

A semana estava terminando, e ao final do expediente o telefone de Juliana tocou novamente. Era Fernando. Queria combinar de se encontrar no domingo para que pudessem conversar sobre o torneio e sobre os contatos que havia feito. Convidou-a para almoçar e depois, quem sabe, um passeio. Ela mais que depressa concordou.

O domingo amanheceu com dia claro e céu azul. Juliana, embora pudesse levantar mais tarde, não o fez. Não conseguiu dormir direito com a ansiedade que lhe invadia o peito.

Juliana disse à mãe que almoçaria fora. Darcy não fez muitas perguntas, mas expressava uma ruga na testa. Roberto estava na oficina. Dizia que tinha um carro para terminar e saíra cedo. Ele não se importava de trabalhar aos domingos e feriados. Não era um homem de passeios. Gostava de seu trabalho, então isso não o cansava. Ficava feliz por estar às voltas com todo aquele monte de peças, ferramentas e graxa.

Juliana percebia que a mãe não tinha a mesma desconfiança para com seu irmão. Fábio, muitas vezes,

ficava dias sem aparecer e mesmo assim não era o suficiente para ela inquietar-se. Dizia que homem podia e
que confiava no filho. Juliana temia que um dia a mãe
tivesse uma surpresa com seu irmão.

Juliana mais uma vez estava feliz da vida. Novamente foi ao encontro de Fernando. Sentaram-se num
restaurante à beira de um lago, onde serviam iguarias
do lugar. Juliana comeu pouco e Fernando não fez diferente. Na realidade, o almoço era um pretexto para que
pudessem estar de novo juntos.

Após o almoço, resolveram dar um passeio em
volta do lago. A vista era muito bonita. Não estava
muito quente, e puderam andar calmamente respirando
o ar puro.

Juliana viu que em tão pouco tempo Fernando
estava bem adiantado com os preparativos para o torneio. Ele disse que apenas um haras resolveu participar,
mas seria o suficiente para que tivesse um número de
participantes exibindo os cavalos e concorrendo.

Sentaram-se um pouco num banco próximo ao
lago. Juliana elogiara o lugar. Pedalinhos deslizavam,
e ao longe viram crianças brincando.

Fernando não se conteve e pegou a mão de Juliana. Queria agradecer pela ajuda moral que ela estava
lhe dando.

A jornalista também fizera alguns contatos e falara com seu chefe sobre colocar uma nota no jornal para a divulgação do evento.

Juliana corou ao toque das mãos de Fernando, e ele finalmente arriscou um beijo, a que Juliana correspondeu prontamente.

Juliana mais uma vez sentia já conhecer Fernando. E estava certa realmente. Seus corações, na verdade, estavam unidos há muito tempo. Aquela não era a primeira encarnação em que se encontravam. Seus destinos sempre foram entrelaçados. Não era apenas coincidência a reciprocidade que existia entre eles.

Seus espíritos unidos sempre estavam dispostos a que um ajudasse o outro em busca de evolução. E assim, como em outras vidas, mais uma vez estavam ali, em busca de parceria e união para juntos alcançarem a compreensão e o entendimento, fazendo com que suas almas tivessem o apoio necessário para prosseguir.

Com esse beijo, sabiam que nada podia separá-los mais. Que o destino, ou o que quer que fosse, havia os unido, e assim permaneceriam para sempre.

Capítulo 7
Dívidas passadas

Fábio mostrava-se inquieto como sempre. Sua mãe notava o semblante do filho, mas conservava em seu peito a esperança de que ele não faria nada de errado.

O rapaz aparecia em casa somente para trocar de roupa ou comer algo. E quando a mãe perguntava sobre onde andara ou sobre seus amigos, ele respondia rispidamente de que sabia o que fazia e que ela não tinha nada que ver com isso. Darcy então se calava com receio de que o filho tivesse uma reação violenta e ficava só com seus pensamentos.

Nos últimos dias então, mais do que de costume, Fábio vivia ao telefone. Parecia ansioso.

O que Darcy não imaginava era que ele e seus amigos estavam tramando assaltar uma joalheria, só assim Fábio planejava conseguir dinheiro para comprar tudo o que queria. Pensava também em adquirir um carro novo. Os carros que seu pai queria lhe dar em troca de trabalho na oficina não estavam a sua altura, pensava ele!

Tudo estava planejado para que o assalto ocorresse numa sexta-feira, assim que o dono abrisse a joalheria. A loja localizava-se no centro, e já haviam programado a rota de fuga pela estrada perto da saída da cidade.

Era quarta-feira e tudo já havia sido combinado para o assalto. Fábio dirigiria o carro, enquanto seus amigos entrariam na joalheria.

Juliana sabia que seu irmão tinha péssimas companhias. Alertara o pai e a mãe, mas sabia, diante do comportamento de Fábio, que pouco podia ser feito. O pai já estava cansado de tanto pedir ao filho que o ajudasse, e a mãe se iludia com o caráter do jovem. Ela mesma tentou falar com ele.

Certa vez, Darcy até arrumara um emprego com um amigo de escola em uma loja de calçados masculinos. Fábio dera-lhe de ombros. Isso para ela bastava como resposta.

Juliana, ao contrário, tinha seu trabalho elogiado por seu Floriano, e seus colegas também gostavam de vê-la entusiasmada com as notícias. De todos os jornalistas, Juliana era a mais jovem, embora não aparentasse, devido a seu afinco para com a profissão.

Fernando via também em Juliana um alicerce e uma pessoa com a qual podia contar.

Nos últimos tempos, o empresário se sentia sozinho. À mãe, por já ser de idade, não podia revelar tudo sobre os negócios. Não tinha irmãos, e, por tanto, cabia a ele toda a responsabilidade dos negócios.

Os preparativos para o torneio estavam praticamente prontos, e Fernando tinha esperança de que tudo ocorreria de forma a conseguir sair daquela situação. Pensou em tudo, e, quem sabe, sua fábrica dali por diante não pudesse até ser patrocinadora de um esporte?

Juliana, como de costume desde que conhecera Fernando, pensava nele ao deitar. Adoraria casar-se e formar uma família com ele.

Ela não queria seu dinheiro ou posição social. Não se importava com isso. Desejava somente ser feliz a seu lado, além de continuar trabalhando com o que mais gostava, que era o jornalismo. Sim, porque continuaria trabalhando. Não fora feita para ficar em casa como a mãe. Era independente, e Fernando teria de aceitar isso.

Juliana sabia que ele não faria objeção. Era um homem atual e, assim como ela, gostava do trabalho.

Fábio olhou no relógio. Em breve iria amanhecer.

Eram 5 horas da manhã de sexta-feira e ele já estava de pé. Aliás, mal conseguira pregar o olho.

O nervosismo dominara-lhe a mente. Na realidade, Fábio tinha perto de si companhias espirituais que não via. Seu comportamento arredio e de caráter duvidoso fazia com que se aproximasse de espíritos que estavam na mesma sintonia. Uns por quererem vê-lo "se dar mal", devido a débitos passados.

Alguns desses espíritos inferiores queriam que Fábio regressasse ao plano espiritual para fazerem acertos de contas. Já outros estavam ali porque se identificavam com a prática em questão. Em suas encarnações passadas haviam feito o mesmo, e muitos deles deixaram a vida na Terra em situações de risco.

Fábio não os podia ver e não imaginava vida fora deste planeta, mas podia sentir as vibrações negativas que o faziam enveredar ainda mais pelo lado errado, entrando em sintonia com o que era contrário às leis de Deus.

Agora eram 7 horas e 30 minutos, e Fábio com mais três amigos aguardavam a chegada do dono da joalheria para abri-la.

Capítulo 8
O livre-arbítrio

Antônio, dono da joalheria, acabara de chegar e começou a abrir seu comércio para mais um dia de trabalho, mas não imaginava ser o último.

Assim que a joalheria estava totalmente aberta, em poucos minutos os três amigos de Fábio entraram e anunciaram o assalto.

Seu Antônio se encontrava só, seus funcionários ainda estavam por chegar. Rendeu-se e deixou que os ladrões invadissem a joalheria e lhe furtassem toda a mercadoria.

Todos se encontravam nervosos, e num ímpeto de colocar fim àquela situação um deles disparou um tiro em Antônio, que caiu no chão.

Os ladrões saíram apressados, e Fábio os esperava dentro do carro. Logo o alarme foi acionado, e as pessoas do comércio em volta começam a se dirigir para lá.

O carro saiu em disparada. Perceberam seu Antônio caído e sem sentidos. Acreditavam estar morto, o que logo foi confirmado.

Fábio e seus amigos se distanciaram, embora soubessem que seriam perseguidos pela polícia.

Fábio agora sabia que sua vida não seria mais a mesma, mas não tinha tempo para pensar nisso naquele momento.

Logo as notícias começaram a chegar aos noticiários e veículos de comunicação. O jornal em que Juliana trabalhava também passou a se inteirar do fato ocorrido.

Juliana sentiu um arrepio com a notícia. Não sabia dizer por quê, entretanto, por alguma razão, pensou em seu irmão. Há dias não o via direito, mas não poderia ter ele algo que ver com tudo isso.

Darcy e Roberto também estavam ocupando-se do seu dia a dia e não imaginavam o desgosto que lhes estava por vir.

Em pouco tempo uma das câmeras da joalheria teve suas cenas reveladas e nelas um dos assaltantes foi mostrado. Juliana reconheceu-o: era um dos amigos de Fábio.

Não, não podia ser.

Juliana então perguntou a um de seus colegas de trabalho que se encontrava cobrindo a matéria se já sabiam quem eram os suspeitos. Ele disse que parecia que foram três os homens que invadiram a joalheria, sendo que um esperava do lado de fora para ajudar na fuga.

Muitas dessas informações foram colhidas com os donos do comércio, que queriam ajudar a fazer justiça em honra do dono da joalheria.

Seu Antônio era comerciante há muitos anos naquele local. Deixou esposa e filhos, estes já maiores, e o mais velho, Lúcio, já o ajudava na joalheria.

Juliana estava apreensiva. Ligou para casa a procura de saber algo, mas também não podia revelar a seus pais o motivo de sua aflição. Teria de esperar.

A noite se aproximava, e as investigações corriam em torno do acontecido.

Juliana voltou para casa e agora sim perguntou à mãe sobre Fábio.

A mãe não estranhou tanto, visto que sabia que Juliana preocupava-se com seu irmão.

"Não adianta", pensou Darcy. Ela queria que ele fosse igual à irmã, mas sabia que isso estava longe de acontecer.

Após o jantar, Juliana sentou-se à frente da televisão para ver o jornal local. Acreditava que alguma coisa seria noticiada.

E realmente aconteceu a reportagem sobre o assalto à joalheria.

Juliana, mais uma vez, reconheceu o amigo de Fábio, e, além dela, seu pai. Darcy ainda se encontrava arrumando a louça do jantar e não via o que se passava agora em sua sala.

Juliana olhou pra o pai, e este lhe respondeu com o olhar. O mesmo olhar aflito que a filha lançou para ele. Conversavam baixo para que Darcy não escutasse.

Sabiam que Fábio podia estar metido naquela história.

Roberto levantou-se e disse que iria procurar saber onde o filho se encontrava. Sabia que seria difícil achá-lo. Juliana se dispôs a ir com ele.

Saíram. Falaram para Darcy que Juliana queria ver um carro que fora anunciado e gostaria de ouvir a opinião do pai para comprá-lo; dessa forma, a mãe não desconfiou. Acreditava que a filha houvesse guardado algum dinheiro e que Roberto até pudesse ajudar na compra com alguma quantia.

Procuraram por algum tempo, em bares e lanchonetes, os quais Fábio frequentava. Foram, inclusive, às casas de dois amigos dele, e nada.

Era perto de meia-noite quando voltaram para casa. Darcy já fora deitar-se. Não era a primeira vez que Fábio não dormia em casa, e isso não era indício de que estava envolvido com algo ruim. Tinham de esperar.

Despediram-se e foram deitar. Amanhã seria um longo dia. Juliana pressentia isso!

A jovem estava muito inquieta. Não conseguia dormir. Olhando o céu, que naquela noite se encontrava nublado, pediu por seu irmão. Algo lhe dizia que ele se encontrava em perigo e sabia que precisava de ajuda. Acreditava em Deus, e isso para ela já era o bastante. Pediu que seu irmão estivesse protegido e voltasse para casa.

Logo iria amanhecer, e Juliana sabia que precisava descansar um pouco. Adormeceu, mas seu sonho foi confuso. Via Fábio correndo, e ele se encontrava envolto em sombras.

Acordou assustada. "Queira Deus que seja somente um sonho", pensou. Resolveu tomar um banho e se aprontar para o trabalho, lá deveria ter alguma notícia do que ocorrera com a joalheria. Precisava descobrir onde seu irmão se encontrava e, principalmente, ter a certeza de que Fábio não estava envolvido nesse triste episódio.

Capítulo 9
Fim da linha

Como no sonho, Fábio realmente estava fugindo. Ele com seus amigos, assim que assaltaram a joalheria, foram em direção à estrada que permitisse uma fuga para mais longe. Estavam agora a muitos quilômetros de onde tudo ocorrera. Abrigados num casebre no meio da estrada, eles comemoravam o feito.

Fábio não estava animado como seus amigos. Embora tivesse agido com seu livre-arbítrio, sabia que não era essa a educação que seus pais haviam lhe dado. Tinha certeza de que os faria tristes, mas agora o que estava feito estava feito. Queria viver em condições melhores do que aquela em que vivia. Nunca lhe faltara nada, sabia disso, mas não possuía o carro do ano ou algo assim.

Queria mais, e isso seus pais não podiam lhe dar.

Agora era tarde. Precisava ir o mais longe possível, e cada qual tomaria seu rumo com a quantia que lhe cabia.

Depois de comemorarem, resolveram descansar. O local não tinha condições adequadas. Havia uma cadeira e uma mesa, assim como um fogão a lenha, mas o cansaço pela noite mal dormida e o tempo de estrada os fizeram dormir.

As notícias que chegavam ao jornal sobre a morte do comerciante e sobre a perseguição aos assaltantes deixavam Juliana aflita.

Seu pai também pouco conseguira descansar. Não queria isso para seu filho. Procurou dentro de suas possibilidades dar o melhor, mas parecia que não fora o suficiente. Darcy ainda não tinha se dado conta do que poderia estar acontecendo. Seguia sua vida normalmente com os afazeres de dona de casa.

Sabia-se que eram quatro os assaltantes. Pelas câmeras da joalheria era possível ver três entrando na loja e com certeza um permanecera no carro a fim de ajudar na fuga.

A polícia disse que já tinha pistas dos suspeitos, mas não falaria nada para não prejudicar as investigações.

A família do comerciante também se pronunciou a fim de obter justiça.

Agora era Juliana quem queria um ombro amigo. Pensava em desabafar com Fernando, mas ele já possuía problemas demais.

No fim do dia, quando começou a anoitecer, Juliana já se encontrava em casa. Chegou mais cedo. Estava com uma horrível dor de cabeça e pediu para sair do trabalho a fim de repousar. Realmente, encontrava-se abatida. A noite mal dormida e o nervosismo tiraram sua aparência de menina.

Após o jantar, Juliana e Roberto foram ver o noticiário na televisão, e logo a reportagem que esperavam começou.

A polícia já sabia quem eram os suspeitos e já estava no encalço deles.

Um arrepio percorreu Juliana e ela olhou para o pai. Resolveram falar com Darcy. Era preciso que ela soubesse o que poderia estar acontecendo.

Ao saber da suspeita, Darcy disse que todos estavam loucos. Que seu filho seria incapaz de fazer uma coisa dessas.

Juliana e Roberto sabiam que seria difícil para a mãe ver seu filho querido em meio a assaltantes ou coisa parecida. Criara-o protegendo-o e fazendo-lhe todas as vontades sempre que podia. Não, não era possível que Fábio fizesse tal coisa. Não, não seu filho.

A polícia agora se dirigia a um provável local onde estariam os assaltantes.

Fábio e seus amigos já haviam deixado o local há algum tempo. Sabiam que tinham de ir o mais longe que pudessem.

Durante toda a noite eles seguiram pela estrada sem destino. A polícia fazia o mesmo. Pararam em um local para comer algo.

Eram 5 da manhã. Em pouco tempo estavam cercados por viaturas. Agora era cada um por si.

Fábio era o único que não estava armado. Embora houvesse cometido um crime, não queria mexer com armas.

Seus amigos, ao verem que estavam encurralados, começaram a atirar e fizeram de refém o dono do estabelecimento e um indivíduo que parara no local para comprar algo.

Fábio sempre desejara ter o que a vida não havia lhe oferecido da forma que queria, mas não pensava viver daquele jeito. Tinha de tentar escapar, mas sabia que seria difícil. Pensou em ir pelos fundos, mas lá também havia policiais. Começaram a negociar.

Um dos amigos de Fábio disse que sairia com o comerciante refém e pegaria o carro para a fuga. A polícia não concordou e pediu que o refém fosse solto, para que aí sim pudessem pegar o carro e fugir. O outro refém também deveria ser solto.

Eles concordaram. Conversaram entre si e Fábio também tentou ir com eles. Os reféns foram soltos e começou a perseguição.

Tiros eram trocados, e o carro onde estavam Fábio e seus amigos ganhava a estrada, mas não iriam muito longe.

Mais à frente, já os esperavam outras viaturas bloqueando a estrada.

Mais alguns quilômetros e viram que estavam sem saída.

Houve mais troca de tiros. Dois de seus amigos foram mortos e um levou um tiro na perna, impossibilitando-o de continuar a fuga. Fábio levantou as mãos para o alto e se entregou.

Acabava ali o plano que os levaria a uma vida fácil e de prazeres.

Capítulo 10
Novos rumos

Em pouco tempo, a notícia da captura dos assaltantes já estava no noticiário. Juliana pôde então acompanhar a imagem de seu irmão na televisão. Pensava em como seus pais iriam suportar aquele desgosto. Para ela mesma era muito triste ver o irmão envolvido naquele episódio.

Agora, Juliana teria que contar aos pais. Pediu licença para sair do jornal. Todos lá também estavam com pena da jovem por vê-la naquela situação.

Já em casa, Juliana começou a contar para Darcy, e esta não se conteve, deixando as lágrimas escorrerem.

Roberto também em pouco tempo chegou.

Que desgosto para um pai ver seu filho ser levado por policiais, mas, como ele mesmo disse, fizera de tudo para dar-lhe o melhor. Talvez fosse para o bem dele que

Deus tivesse poupado sua vida, para que aprendesse pela dor a lição que tentara dar por amor.

Arrebatados pelo sofrimento, seguiram para a delegacia, a fim de ver o filho.

Sabiam que seria difícil, mas havia na família um primo distante que era advogado. Entraram em contato com ele, e este se dispôs a ajudar.

Na delegacia somente os pais e Ayrton, o advogado, puderam falar com Fábio durante alguns minutos. Juliana teve de ficar do lado de fora. De certa forma, sentia-se aliviada, pois não sabia o que dizer para o irmão.

Fábio foi preso em flagrante e aguardaria seu julgamento em regime fechado.

Poderia receber visitas a cada quinze dias, até o dia do julgamento. Darcy e Roberto deixaram a delegacia como quem sai de um funeral. Ayrton conversou com Juliana e disse como deveria prosseguir com o caso e que tentaria aliviar a pena de Fábio, dizendo que ele teria sido influenciado pelos amigos, já que era réu primário e não havia entrado na joalheria, ficando no carro para ajudar na fuga.

Sabiam que pegaria uma pena, mas esta talvez fosse atenuada com tais ressalvas.

Chegando a sua casa, dessa vez Darcy não se dirigiu para o fogão. Não teve forças para fazer o jantar ou algo assim. Foi para o quarto, onde poderia chorar à vontade, longe de todos.

Roberto e Juliana sabiam como Darcy estava se sentindo. Ela era mãe e Fábio, seu preferido. Não que não gostasse de Juliana, era sua filha, mas Fábio e ela tinham uma maior afinidade.

Juliana e Roberto providenciaram um lanche e levaram um pouco para Darcy. Deixaram a bandeja em cima da cômoda e se retiraram. Sabiam que ela queria ficar sozinha.

Agora deveriam esperar os trâmites legais da justiça, até que a sentença fosse dada.

Fernando soube por Juliana do acontecido. Imaginava como ela estaria se sentindo e se dispôs a ajudar no que fosse preciso. Disse que conhecia vários advogados e para não se preocupar com isso. Juliana agradeceu, mas disse que não seria preciso. Combinaram que, assim que fosse possível, iriam se encontrar. Juliana também queria saber detalhes sobre o torneio que logo aconteceria.

Fernando realmente estava empolgado com os preparativos, até os funcionários da fábrica notavam uma injeção de ânimo no empresário. Isso com certeza refletia em todo o ambiente de trabalho, afinal estariam com esse evento adiando possíveis demissões e o fechamento da fábrica.

Os dias foram se seguindo, e a rotina tomou seu lugar de novo na vida de cada um, menos para Fábio, que agora via sua vida mudar.

Juliana e Fernando combinaram de se encontrar logo mais para um jantar. Seria bom sair um pouco, pensava Juliana. Precisava se distrair, até porque estava com muitas saudades de Fernando.

Os últimos dias não haviam sido fáceis, e ela não teve tempo e nem como deixar seus pais para sair com o rapaz.

Darcy tentava tocar sua vida.

Agora já fazia duas semanas do ocorrido, embora sem Fábio nada fizesse sentido. Ver o filho a cada duas semanas é algo difícil para qualquer mãe.

Roberto também retornou à oficina. As contas chegavam e para ele trabalhar não era uma obrigação, e sim uma distração.

Juliana e Fernando se encontraram num restaurante próximo. Ela não estava com muita fome. Andava assim nos últimos dias. Já Fernando, com muito apetite. Mostrava-se empolgado, contando todos os detalhes, e Juliana ficava feliz em vê-lo assim.

Ao se despedirem, Fernando contou que queria passar o resto da vida ao seu lado e a pediu em casamento. Juliana esqueceu por alguns momentos toda a tristeza dos últimos dias.

Talvez fosse precipitado, pois se conheciam há tão pouco tempo, mas seu coração dizia que não. Aceitou de imediato e disse a ele que também queria o mesmo. Selaram esse encontro com um longo beijo e com a promessa de que logo estariam juntos por toda a eternidade.

Juliana entrou em casa com a felicidade estampada em seu rosto. Tinha a certeza de que Fernando era o homem de sua vida. Sabia disso desde que o viu pela primeira vez.

Agora fora pedida em casamento pelo homem que tanto amava. Seriam felizes sim e teriam muitos filhos.

Juliana adormeceu, sonhando com os planos de uma vida feliz para ela e para Fernando.

Quem sabe sua mãe e seu pai voltariam a se alegrar com a chegada dos netos!

Sabia que Fábio não sairia tão cedo da prisão e queria de alguma forma preencher a vida deles com a alegria que agora lhes faltava.

Capítulo 11
Os preparativos

O dia do torneio se aproximava. Faltavam poucos dias e estava quase tudo pronto. Fernando recebeu a confirmação de muitos convidados e isso o deixou mais feliz. Era um sinal de que ainda tinha credibilidade e prestígio.

As notícias que veicularam a seu respeito e sobre a fábrica por certo ainda não haviam prejudicado totalmente sua imagem como pensara.

Acreditava que com a renda adquirida poderia quitar a maior parte das dívidas que há muito tempo não o deixavam dormir.

Não queria o fechamento da fábrica, nem o nome de sua família à margem da sociedade. Sua mãe, embora com certa idade, queixava-se do afastamento de alguns amigos e dos convites para chás e reuniões que agora não apareciam com tanta frequência. Fernando dizia para ela que nada disso tinha importância, mas sabia que ela gostava de ser convidada.

Esperava que com o torneio essa situação fosse revertida e que tudo voltasse à normalidade.

Com quase tudo pronto, Fernando resolveu parar um pouco e deixar-se agora pensar em Juliana.

Em sua primeira união, não havia amado sua esposa. Era um casamento de conveniência e que na verdade não o ajudou em nada. Seus pais queriam vê-lo casado, com o objetivo de unir os negócios de ambas as famílias, mas isso não se concretizou.

A família de Ana, sua ex-esposa, possuía uma rede de lojas de roupas, e em parceria com a fábrica de tecidos seria tudo perfeito, mas a frágil união entre Fernando e Ana não deu chance para que isso acontecesse.

Com Juliana seria diferente. Fernando a amava, disso não tinha dúvida. Era com ela que queria construir um lar e ter filhos.

Foi obrigado a interromper seus pensamentos. Um funcionário da fábrica entrou na sala e disse que outro empregado queria promover uma paralisação devido ao atraso nos salários.

Fernando foi então conversar com ele e tentar convencê-lo de que logo todos teriam seu salário acertado até a data presente, e que, se Deus permitisse, isso não iria mais acontecer.

O empregado da fábrica a princípio não quis ouvi-lo, mas acabou cedendo, e um aperto de mão selou a conversa para alívio de Fernando.

Fernando sabia que estava sendo difícil para seus empregados trabalharem naquelas condições, mas logo resolveria esse problema.

Alguns telefonemas mais e Fernando pôde enfim ir para casa descansar. Havia dias que não dormia direito pensando no torneio.

Sim, daria tudo certo. Fernando não era religioso, mas acreditava em Deus. Achava que tudo tinha um princípio e seguia uma lei universal. Que os destinos estavam ligados entre si e que tudo tinha um propósito.

Enquanto pensava sobre todas essas questões, uma luz o envolveu.

Fernando não percebia a presença de sua avó materna. Ela o envolvia em fluidos benéficos e o tranquilizava. Lurdes havia desencarnado há algum tempo e por merecimento hoje já tinha condições de auxiliar seu neto.

Fernando por fim adormecera e em seu sonho estava Juliana, mas a época não era a mesma que hoje. As roupas e os cabelos eram diferentes. Sentia que no passado estiveram juntos.

Era através do sonho, enquanto seus corpos físicos dormiam, que suas almas voltavam a se encontrar.

A noite passou e era hora de voltar e agradecer ao Pai a bênção por mais um dia de aprendizado aqui na Terra. Fábio também tivera sonhos que fizeram com que refletisse ao acordar.

Primeiro havia sonhado que estava envolvido com pessoas que não conhecia e que elas não queriam a ajuda dos benfeitores. Depois, com um homem que lhe mostrou que era possível, através de uma nova postura, recomeçar, ir em frente e deixar os erros no passado.

Fábio acordou com uma sensação de que ainda poderia ter uma nova chance de recomeçar sua vida.

Tinha noção do quanto magoara seus pais e estava disposto a mudar, não importava o tempo que fosse preciso para mostrar para eles. Seria um novo homem e recuperaria o tempo perdido.

Juliana sonhara novamente com Fernando e a sensação era de que tudo mais uma vez tinha sido real. Podia sentir no sonho o toque das mãos de Fernando e a brisa em seus rostos.

Roberto, trabalhando em sua oficina, tentava entender os motivos que levaram o filho a cometer aquele crime.

Trabalhava por prazer, mas hoje também como forma de ocupar a cabeça. O desgosto de ver o filho na prisão era grande demais para seu coração.

Sua consciência não pesava, pois por diversas vezes tentara mostrar e ensinar a Fábio o trabalho na oficina, mas não houve jeito. O rapaz sempre se recusava, até que Roberto acabou desistindo. Mesmo assim, pensava que o filho iria procurar alguma outra coisa que o satisfizesse, menos o caminho do crime.

No jornal, Floriano pediu para que Juliana viesse até sua sala.

— Eu gostaria que você fosse acompanhar o evento que a empresa de Fernando Brandão está promovendo. Como é sua a matéria sobre a fábrica de tecidos, você poderá agora ter mais facilidade em ver como andam as coisas nesse caso.

Juliana não se conteve de felicidade. Floriano não suspeitava de seu envolvimento com Fernando. Ela faria seu papel de jornalista, mas trabalharia ainda mais feliz por estar ao lado de Fernando e poder acompanhar tudo de perto.

Resolveu ligar para ele e contar a novidade. Assim como ela, Fernando também ficou contente. O fim de semana se aproximava e logo estariam juntos.

Capítulo 12
Enfim, a mudança

O sábado amanheceu ensolarado. "Que dia lindo", pensou Juliana. Tudo daria certo!

Fernando logo cedo foi para o local onde seria realizado o torneio. Alguns participantes já estavam lá desde o dia anterior, a fim de repousar e estarem descansados para a competição.

Fernando checava tudo para ver se estava tudo em ordem.

Eram 8 horas da manhã e mais participantes acabavam de chegar. Os cavalos eram tratados e havia um clima de alegria e harmonia entre todos, visitantes ou participantes. A competição, todos sabiam, na verdade era uma desculpa para poderem exibir seus cavalos.

Foi tomar um café assim que viu que tudo estava em ordem.

Há muito não se sentia assim. A esperança de poder resolver a maior parte das dívidas e não fechar a fábrica o empolgava.

Virgínia, sua mãe, chegaria mais tarde. Ela também estava ansiosa em ver o nome da família à frente de um evento.

Fernando cumprimentava um a um os participantes. Algumas pessoas já tomavam seus lugares para assistir.

Em alguns minutos Fernando iria abrir a competição!

Juliana estava acabando de se arrumar. Colocou um *jeans* e uma bota. Era o traje apropriado, acreditava. Desceu para tomar café e encontrou Darcy já na mesa. Sabia que no dia seguinte seria dia de visita no presídio, mas não poderia acompanhar seus pais. Darcy, mais uma vez, queixava-se da falta que sentia do filho e que não se conformava com tudo aquilo.

Juliana ouvia a mãe com paciência. Imaginava como deveria estar sendo duro para ela. Tinha medo de que ela entrasse em depressão pela falta do filho. A jovem disse que se acalmasse e quem sabe a pena poderia ser reduzida pelo fato de Fábio ser réu primário.

No fundo, Juliana sabia que isso pouco ou nada ajudava com relação ao que a mãe estava sentindo no momento.

Despediu-se dizendo que iria trabalhar no fim de semana para cobrir um evento, que chegaria para o jantar, mas que não se preocupasse, pois ela provavelmente comeria qualquer coisa.

Darcy pouco escutara o que Juliana dissera. Não pensava em mais nada a não ser em Fábio.

Juliana adoraria falar com os pais sobre seu pedido de casamento, mas ainda não era o momento. Esperaria uma oportunidade para contar a eles. Quem sabe em breve pudesse convidar Fernando para um jantar em sua casa e apresentá-lo. Sim, isso parecia ideal, mas esperaria mais um pouco.

Juliana chegou ao local do evento. Tudo estava lindo e colorido. Junto dela estava um fotógrafo do jornal para registrar os melhores momentos.

Juliana queria caprichar na cobertura do torneio. Faria o melhor para que seu Floriano ficasse satisfeito e Fernando também!

Ao vê-la, Fernando quis abraçá-la e beijá-la, mas se conteve, pois não podia dar margem a nenhum tipo de comentário. Cumprimentou-a formalmente, mas Juliana viu em seus olhos todo o amor que ele sentia por ela. Também ela cumprimentou-o de modo formal, e Fernando levou-os para mostrar o lugar.

Os cavalos começavam a se posicionar e logo Fernando subiu ao palanque para dar as boas vindas para que a competição desse início.

Seriam dois dias de muito trabalho para ambos, mas tanto Juliana quanto Fernando não se importavam com isso.

Alguns cavalos tinham a preferência de levar o troféu. Todos estavam empolgados.

As arquibancadas estavam cheias, e Fernando tomou o microfone. Disse algumas palavras de agradecimento e boa sorte aos participantes. Começava a competição.

Juliana sentia toda a empolgação de Fernando. Quando o viu pela primeira vez em sua fábrica, pôde perceber a aflição e o pesar em que se encontrava. Agora não. Via um homem feliz e cheio de esperança, assim como um menino em vésperas de ganhar seu presente de Natal.

O sábado transcorreu de forma que todos ficassem satisfeitos com o resultado.

Agora era hora de descansar para mais um dia de competição.

Ao chegar a sua casa, Juliana, como sempre fazia, beijou seus pais. Darcy havia guardado seu prato dentro do forno, mas Juliana disse que comeu algo e não estava com fome, agradeceu e disse que iria tomar um banho e dormir. Roberto também já cochilava na poltrona, e Darcy, embora tivesse a televisão ligada, pouco ou nada via do que passava.

Em seus pensamentos, Juliana acreditava ter feito um bom trabalho para o jornal.

No dia seguinte se empenharia novamente a fim de concluir a reportagem. Viu também que as fotos haviam ficado excelentes. Virou para o lado e tratou de dormir.

Seu pensamento estava em Fernando. Faria de tudo para que sua matéria conseguisse apagar um pouco do que havia sido falado a respeito dele e sobre os problemas financeiros da fábrica.

O domingo também amanheceu com sol, e começava o segundo dia de competição.

Perto da hora do almoço, podia-se ter uma noção de quem seria o vencedor.

Juliana parou para fazer um lanche. Desde que chegara, não tinha estado com Fernando.

Agora o viu entrando onde eram servidas as refeições. Haviam montado uma tenda gigante com mesas e cadeiras para que todos pudessem se servir e relaxar um pouco.

Fernando foi ao seu encontro e beijou-a no rosto. Juliana, meio surpresa, retribuiu da mesma forma.

Conversaram um pouco, mas logo Fernando se despediu. Tinha que dar atenção a um grupo de empresários que estava na mesa ao lado.

Fernando notou que sua mãe conversava com algumas senhoras. Estava feliz. Há tempos não a via assim.

Queria proporcionar-lhe muitos desses momentos e o faria no que dependesse dele.

O torneio estava chegando ao fim e logo seria anunciado o vencedor.

Como toda competição, existiam aqueles que eram os favoritos, mas dessa vez um participante que não o era se destacou e levou o prêmio de vencedor.

Muito aplaudidos e reconhecidos, jóquei e cavalo foram homenageados por seu desempenho.

Fernando podia ver que todos estavam felizes com o desenrolar do evento. Tudo havia dado certo.

Ainda não tinha o balanço financeiro de tudo o quanto pôde arrecadar, mas acreditava que conseguiria liquidar grande parte de sua dívida. Na segunda-feira iria ter com o contador da fábrica para ver o resultado tão esperado.

Fernando cumprimentava e agradecia a participação de todos.

Não conseguiu se despedir de Juliana, mas depois ligaria para ela.

Estava cansado, mas feliz. Agora era hora de ir para casa e finalmente poder descansar.

Na volta, sua mãe não parava de contar sobre todos que havia encontrado e com quem conversou.

Embora eles não pudessem ver, alguém mais estava feliz. Seu pai acompanhara tudo o que se passou nos últimos dois dias. Sabia que por imprudência sua tanto seu filho quanto sua esposa haviam passado por momentos difíceis.

Hoje, sentia-se arrependido e procurava ajudar de onde se encontrava, mandando boas vibrações para ambos. Não fora forte o suficiente, deixando-se dominar pela paixão pelos jogos de mesa. Não perdeu tudo, mas deixou a família em séria crise financeira. Sentia orgulho do filho em ver seu empenho em não deixar a fábrica ruir. Se pudesse voltar atrás... mas não podia. Agora era hora de seguir em frente e aprender com seus erros. Tinha noção de tudo que fizera e encontrava na Espiritualidade o apoio que precisava para sua evolução. O passado serviria de ponte para seu progresso espiritual, e aguardaria assim que fosse possível uma nova oportunidade de reencarnar e mostrar o que aprendera.

Capítulo 13
O recomeço

Juliana chegou por volta das 9 horas ao jornal para apresentar o que havia feito sobre a cobertura do torneio para seu chefe.

Seu Floriano ficou satisfeito e queria o mais rápido possível colocar a matéria em seu jornal. Assim como qualquer jornalista e editor, ele gostava de ser o primeiro a noticiar algo de importante.

Juliana então começou a redigir a matéria. Pensava que somente ela conhecia Fernando mais intimamente. Nada do que foi dito correspondia à verdade. Mas agora ela teria a oportunidade de mostrar aos outros uma nova face do homem que tanto amava.

O dia de trabalho seria intenso, mas arrumaria um jeito de ligar para o amado e falar-lhe da matéria que estava redigindo, assim como da saudade e da vontade de estar com ele.

Chegando para jantar em casa, Juliana conversou com seus pais sobre a visita a Fábio que acontecera no dia anterior. Darcy achou seu filho abatido e magro. Falou que levara um bolo e mais algumas frutas para ele, mas Fábio disse que não andava com muito apetite. Roberto acreditava que seu filho agora percebia com mais nitidez o que lhe acontecera e estava se sentindo deprimido. Juliana lembrou que a sentença ainda não tinha sido dada, e, quem sabe, poderia ter a pena atenuada. Falaria com o primo, que estava cuidando do caso, para ver a possível data do julgamento.

Sentia muita pena de seus pais. Sabia que estavam sofrendo, mas no momento pouco ou nada poderia ser feito.

No fim da tarde havia conseguido ligar para Fernando. Também ele estava com saudades; embora houvessem se visto no fim de semana, não tiveram tempo de ficar a sós e combinaram de, assim que fosse possível, sair para jantar e matar as saudades.

No dia seguinte, a matéria seria publicada, e o casal aguardava com ansiedade a repercussão que ela traria.

Assim que pôde, Fernando esteve com o assistente financeiro e com o contador da fábrica. O saldo fora muito positivo. Fernando conseguiria liquidar grande parte das dívidas e o restante esperava conseguir através de futuros negócios que a fábrica, se Deus permitisse, iria voltar a fazer. Acreditava que com a projeção que o torneio promovera, novas encomendas de tecidos seriam feitas, sua fábrica voltaria a trabalhar a todo vapor e tudo seria como antes.

A sexta-feira, enfim, havia chegado, e Juliana queria se preparar para encontrar Fernando. Sairia um pouco mais cedo do jornal. Seu Floriano a havia liberado em razão de ela não ter tirado uma folga no fim de semana. Desejava ir ao salão de beleza e arrumar o cabelo.

Nos últimos dias não pudera cuidar de si. Juliana não era extremamente vaidosa, mas queria que Fernando a achasse bonita.

Marcaram o encontro para as 20 horas. Juliana pediu para Fernando que a pegasse próximo a sua residência, numa pracinha que ficava logo ali. Queria logo acabar com aquela situação e apresentá-lo a sua família. Gostaria de marcar um jantar assim que fosse possível. Falaria com Fernando a esse respeito.

Seus pais eram pessoas simples, assim como sua casa. Não tinha receio por Fernando, ele sabia de sua origem. Receava sobre o que Dona Virginia, a mãe de Fernando, acharia dela. Ele esteve sempre rodeado de belas mulheres e da alta sociedade. A mãe por certo gostaria de vê-lo com uma esposa de seu meio. Faria o possível para não decepcionar. Fernando e Juliana já haviam conversado sobre isso, mas ela sentia certo receio de como sua futura sogra a veria. Foram jantar e era possível ver a aura de felicidade que os envolvia. A cada despedida ambos prometiam que estariam juntos para sempre. Ficou combinado de Juliana falar com seus pais e marcar o jantar para que eles pudessem conhecer Fernando. Depois seria a vez de Juliana. Mais tarde, assim que fosse possível, anunciariam o casamento.

Juliana e Fernando não planejavam noivar, mas ele pensou em entregar um anel de compromisso à jovem quando fosse jantar com os pais dela.

Fernando a deixou e um longo beijo fez com que ambos fossem felizes para suas casas.

No fim de semana, Juliana pediu que Darcy e Roberto se sentassem. Queria lhes falar. Contou a respeito de Fernando e que estava namorando. Roberto ficou feliz, pois via a filha trabalhar muito e achava que seria bom para ela distrair-se um pouco. Já Darcy mencionou o fato de ele ser um homem de posses e que viria jantar numa casa simples como a deles. Roberto não se questionava sobre isso. Queria que ele fosse um homem de bem. Juliana disse que não se preocupassem, logo falariam com ele e veriam que, embora Fernando fosse um homem de bens, era simples e trabalhador. Juliana desejava marcar logo o jantar e combinou para o próximo fim de semana. Ligaria para Fernando para ver se também ele estaria disponível.

Fernando concordou, e o jantar foi marcado para sábado às 19 horas. Juliana teria de providenciar o que seria servido. Sabia que Fernando tinha hábitos simples, mas queria causar boa impressão. Iria na sexta-feira, depois do serviço, ao supermercado e faria compras.

Pensava em fazer uma massa ou algo assim. Sabia que Fernando era descendente de italianos por parte do avô paterno e queria agradá-lo. Faria um jantar simples. Depois, talvez um pudim de leite. Era a sobremesa preferida de Fernando. Esperava que tudo desse certo. Não via a hora de apresentá-lo a sua família.

Queria poder trazer um pouco de alegria para sua casa. A prisão de Fábio fizera com que seus pais se entristecessem de tal forma que não pensavam mais em se divertir.

Roberto ainda assistia a um pouco de futebol pela televisão e ia à oficina ou ao bar conversar com os amigos, mas sua mãe ficava só nos serviços domésticos. Sempre que possível, ela ia para o quarto e ficava segurando a foto de Fábio. Juliana sabia que no fundo Darcy reconhecia sua parcela de culpa em sempre ter passado a mão na cabeça do filho e encobrir suas atitudes referentes às oportunidades de trabalho que se apresentavam. É verdade que não foram muitas, mas não o incentivava ao dizer que ainda era novo e que o deixassem se divertir. Agora também ela via que indiretamente era responsável por não colocar responsabilidade na cabeça do filho.

Juliana temia que a mãe entrasse em depressão, assim como o pai falara de Fábio.

Certa vez lera um livro que lhe recomendaram e achava que seria interessante que a mãe também o lesse. Era um romance que falava a respeito de uma família e como os laços que os uniam vinham de outras vidas. Juliana acreditava que tudo tinha um porquê. Não seguia nenhuma religião ou frequentava algum local religioso, mas sentia assim como Fernando que nada era fruto do acaso.

Sabia que o livro estava entre suas coisas; assim que pudesse iria procurá-lo e entregá-lo à mãe.

Queria que ela acreditasse que, embora Fábio estivesse preso, ele ainda era novo e quando saísse da prisão poderia recomeçar.

Capítulo 14
Aprofundando os laços

Juliana estava ansiosa com os preparativos para o jantar. Queria que fosse perfeito. No sábado Roberto trabalhava só até o meio-dia na oficina. Daria tempo para que à tarde pudesse descansar. Geralmente no dia a dia acabava por dormir em frente à televisão, mas naquele dia estaria mais descansado.

Juliana levou Darcy ao salão de beleza para alguns cuidados, assim como ela mesma. Fez manicure e cabelo. A mãe se recusara, mas, depois de muita insistência, concordou. Darcy não se esforçava por ver o bem de sua filha, sempre fora mais próxima de Fábio. No entanto, pensou nas consequências de sua conduta e resolveu mudar.

Tudo estava pronto. A mesa posta com um arranjo de flores. Estava simples, mas de bom gosto. Eram

18 horas, e Juliana foi tomar banho e terminar de se arrumar. Às 19 horas estava marcado o jantar. A campainha tocou às 19 horas e 20 minutos. Era Fernando. Ele trajava uma calça *jeans* escura e camisa branca arregaçada nas mangas como sempre fazia. Tinha barba feita e os cabelos penteados para trás. Estava muito bonito. Juliana sentiu seu coração disparar. Apresentou seu pai e sua mãe a Fernando e sentaram-se no sofá. O rapaz trouxe um buquê de flores para Darcy, que agradeceu corada. Juliana também ficou feliz com o gesto do amado.

Roberto era dos mais empolgados. Enquanto Darcy e Juliana preparavam uns salgadinhos para beliscarem antes do jantar, ele e Fernando conversavam sobre negócios, carros e futebol.

Juliana estava feliz em ver Fernando em sua casa. O jantar transcorria perfeito e Fernando pediu licença para que pudesse entregar o anel de compromisso para Juliana e a permissão para casar-se com ela. Roberto e Darcy concordaram, e Roberto foi abraçar Fernando. Darcy arriscou um olhar para o anel que agora Juliana tinha no dedo anelar direito. Acreditava ter custado caro.

Na realidade, Fernando dera um solitário com um brilhante lindíssimo. Juliana sabia dos questionamentos da mãe, mas ela mesma não se importava com isso. Queria somente viver ao lado daquele homem.

No final do jantar, Juliana despediu-se de Fernando com um beijo. Estavam felizes. Ela o acompanhou até o portão de casa, enquanto Roberto e Darcy se recolheram. Agora não seria mais necessário se encontrarem às escondidas.

Fernando também estava muito feliz. Disse que adorou conhecer seus pais e que agora poderia vir com mais frequência. Juliana concordou e esperava por mais jantares como aquele.

O domingo foi de descanso. Só no próximo poderiam ir visitar Fábio. A mãe pôs-se a costurar e a pregar alguns botões para distrair seus pensamentos.

Roberto foi até o bar encontrar com os amigos. Juliana aproveitou para procurar o livro de que falara para a mãe. Depois de muito procurar, acabou encontrando. Entregaria a ela para que pudesse auxiliá-la naquele momento pelo qual estava passando.

Fábio na prisão tomava banho de sol e fizera um amigo. Conversavam agora sobre suas vidas. Luiz disse que estava ali porque matara um homem. Contou que havia cometido tal crime por ciúmes da mulher com quem vivia. Contou também que já havia sido julgado e ainda teria muitos anos na cadeia. Embora Fábio soubesse que era um crime grave, tinha pena de Luiz. Parecia-lhe um bom homem e arrependido do que fizera.

Quando Juliana viu que a mãe parara com a costura e estava coando um café na cozinha, entregou o livro a ela falando um pouco de sua história. Darcy disse que não estava com cabeça para isso, mas Juliana insistiu e deixou-o ali para que a mãe, quando resolvesse, pudesse lê-lo.

As duas então sentaram para tomar café com bolo de milho que Darcy havia feito e conversaram mais um pouco. Darcy não costumava conversar muito com Juliana, mas agora estava sentindo essa necessidade pela falta de Fábio. Juliana sabia ser esse o motivo, mas de qualquer forma ficava feliz por ter a mãe mais próxima de si.

A semana começou chuvosa e com muito serviço no jornal. Um acidente envolvendo muitos carros havia acontecido por conta da chuva que agora caía pesada na cidade. Graças a Deus não deixou nenhuma vítima fatal, mas o trânsito estava parado e ocasionou um caos no centro da cidade.

Juliana gostava da agitação que era a vida de jornalista. Não se via fazendo outra coisa. Queria estar ali no jornal onde as notícias corriam e onde tudo parecia acontecer.

Fernando, agora que conseguira saldar grande parte de suas dívidas, ia trabalhar com mais tranquilidade. Há muito não se sentia assim. Poder encarar seus funcionários sem estar com o pagamento atrasado e sem a ameaça de que sua fábrica fosse fechada dava-lhe um sopro de vida e entusiasmo. Também sua mãe

Virginia estava feliz. Os convites para jantares e chás, como ela gostava, haviam se multiplicado, e Fernando também ficava feliz em vê-la assim.

Como Fernando previu, a fábrica agora tinha mais encomendas e trabalhava sem parar. Pensou no pai. Ele também deveria estar feliz em saber que sua fábrica não iria fechar. Fernando não via, mas seu pai se aproximara dele e o envolvia com carinho. Reconhecia o esforço do filho. Fernando percebeu uma lágrima rolar por seu rosto. Sentia falta do pai, embora nos últimos tempos não se entendessem muito bem, mas sempre o amara. Queria que ele estivesse ali, porém a vida quis assim; ou será que não? Teria sido destino? Fernando acreditava que tudo tinha um propósito. Esperava que o pai, onde estivesse, pudesse ver tudo o que aconteceu. E realmente seu José estava ali, mais perto do que ele podia imaginar.

Também o pai estava emocionado em ver o comprometimento do filho com os negócios da família. Fernando ainda ficou por um tempo em sua sala na fábrica e depois foi para casa. Queria chegar e poder conversar com a mãe a respeito de Juliana.

Falou que estava namorando, mas não disse do anel de compromisso. Fernando sabia que a mãe não iria à casa de Juliana e, portanto, não falou do jantar.

Virgínia gostava de Ana, sua primeira esposa, mas até ela reconhecia que o casamento de ambos não havia dado certo.

Fernando não precisava que a mãe aprovasse sua união com Juliana, mas queria que a recebesse bem em sua casa.

Durante o jantar, Fernando falou que gostaria de trazê-la para que a mãe a conhecesse. Virgínia enrugou a testa. Fernando sabia que ela tinha suas preferências por casá-lo com alguém do seu nível, mas ele disse que a amava, e Virgínia viu que o filho realmente parecia estar interessado pela tal moça.

Resolveu que a traria no próximo domingo para um almoço. Seria só ela, sem os seus pais. Fernando não queria que eles ficassem intimidados com o almoço em sua residência. Futuramente poderiam programar algo. Por hora queria que Juliana conhecesse sua mãe e torcia para que ambas se entendessem.

Assim que pôde comunicou a Juliana, que, embora ficasse feliz com o convite, sentia que teria ali uma luta a ser travada, a de que sua futura sogra a aceitasse. Juliana não iria mover mundos e fundos a fim de conquistá-la, mas seria melhor que se entendessem.

Fernando sabia bem como era Juliana e a amava e respeitava por isso.

Capítulo 15
Resgate de outras vidas

Do alto a Espiritualidade acompanha a vida de cada um aqui no plano terrestre. Tudo tem um porquê, e Deus, nosso pai misericordioso, dá a oportunidade, através da reencarnação, para que possamos aprender e evoluir moralmente e espiritualmente. As lutas de cada um e o livre-arbítrio fazem parte de nossa trajetória.

O amor de Juliana e Fernando já os uniu em outras vidas, e nesta não poderia ser diferente.

Hoje, Fernando ocupava uma posição social que antes lhe fora tirada. Numa casa simples nascera ele em outra vida. Filho de lavradores no fim do século XIX, conhecera Juliana num dos jantares promovidos pela família de que seus pais eram caseiros.

Certa noite, num desses jantares, Juliana, filha de donos de terras, foi até a varanda para se refrescar. Gostava dos jantares que seus pais promoviam a fim de reunir amigos, mas não da intenção de seu pai em querer casá-la com um dos filhos de seus amigos. Juliana, então Lívia, dissera que não se interessava por nenhum deles.

Foi então que viu Fernando, ou melhor, Carlos. Assustou-se ao ver um vulto em volta da casa, então ele se desculpou por assustá-la. Disse que era empregado de seu pai e que estava ali para avisá-lo de que havia fogo nos cafezais. Lívia imediatamente foi chamar seu pai, que saiu com Carlos a pedir mais ajuda.

Augusto, seu pai, hoje Roberto, foi tomar providências e abandonou o jantar. Felizmente o incêndio logo foi controlado com a ajuda dos outros empregados, mas Lívia não esqueceu o rosto de Carlos, e ele também não.

Sabia que seria um amor impossível, devido à diferença social que existia entre eles. Certa vez, Lívia conversou com Carlos e perguntou como ainda não o tinha visto. Ele disse que estivera sempre ali, mas como ela havia estudado alguns anos fora do país, talvez isso fizesse com que não se lembrasse dele. A jovem pensara que isso poderia realmente ter acontecido. Ficou por cinco anos estudando na França e vinha muito pouco ao Brasil. Agora que havia terminado os estudos, voltara.

Lívia formara-se em Línguas e tocava piano com exímia desenvoltura. Seu pai, vendo que a filha não se

NOTÍCIAS DO CORAÇÃO

interessava por nenhum pretendente, resolveu casá-la com Fabrício, filho de um cafeicultor da região. Lívia não desejava casar-se com ele, mas não fora atendida por seu pai. Carlos também ficou triste em ver a jovem casando-se.

Alguns anos mais tarde, Lívia ficou viúva e seu pai também havia falecido. Carlos não se casara, e dessa forma resolveram sem agora nenhum impedimento unir-se e tiveram dois filhos. Ela não havia tido nenhum filho com Fabrício, pois ele não podia ter filhos, fato que depois de algum tempo Augusto saberia. Os pais de Carlos também haviam falecido, e agora de caseiro Carlos se tornara dono da fazenda.

Na presente reencarnação, Augusto, agora como Roberto, vinha dono de oficina e numa vida modesta via sua filha ser aprovada para esposa pela mãe de Fernando. Virgínia, também caseira, hoje possuía diferente posição da que ocupava na vida anterior, assim como José, que desencarnara.

Darcy fora irmã de Juliana. Sempre invejosa da beleza de sua irmã e dos pretendentes que queriam casar-se com ela, nesta vida veio como sua mãe para que através do amor maternal pudesse entender o verdadeiro sentido do amor, sem concorrência e ilimitado. Quanto à mãe de Juliana na vida passada, nesta era sua avó materna, que agora se encontrava no plano espiritual.

123

Fábio havia sido Fabrício. Desencarnara jovem após uma queda de cavalo. Naquela encarnação ele sempre fora de se reunir com amigos e de gostar do perigo e de aventuras. Infelizmente não mudara seus hábitos na presente encarnação, fato que o levou a estar detido. Augusto sabia de tudo isso, mas o interesse em juntar as terras foi maior do que ver o bem-estar de sua filha.

Dessa forma, todos estavam unidos mais uma vez para resgatar o que antes suas posturas de orgulho, vaidade e ambição trouxeram como seus algozes.

Juliana pensara em levar algo para Virgínia. Não sabia o quê. Era uma senhora que tinha tudo, mas assim como Fernando trouxera flores para sua mãe, também ela achava de bom-tom levar algo.

Pensou em um livro de capa dura sobre a vida do pintor Monet que ela sabia que Virgínia apreciava. Não sabia ao certo quanto custava, mas faria o possível para comprá-lo.

Seu Floriano via o desempenho de Juliana e ficava cada vez mais satisfeito. Andava cansado nos últimos tempos, queria tirar umas férias do jornal. Nunca se afastara realmente, até porque não havia visto ninguém suficientemente capaz de substituí-lo. Seriam aproximadamente vinte dias, mas queria que seu jornal ficasse em mãos competentes. Juliana faria um ano que trabalhava lá e sem dúvida alguma tinha competência e responsabilidade para isso.

Na sexta-feira, ao sair do jornal, Juliana passou pela livraria para ver o livro para Virgínia. Poderia comprá-lo, ainda bem. No sábado, pensaria em algo que pudesse usar no domingo, quem sabe um vestido novo. Sabia que estariam somente os três no almoço, mas queria causar boa impressão. Assim que chegou, encontrou Darcy lendo o livro que ela recomendara. Juliana ficou feliz e perguntou se ela estava gostando. A mãe respondeu que sim, embora não acreditasse muito nessa história de outras vidas. Bem, pensou Juliana, isso talvez viesse com o tempo. Ela mesma não tinha a certeza de nada, mas não via outra explicação que não fosse aquela.

Subiu para tomar banho, e Darcy fechou o livro a fim de esquentar o jantar. Roberto também acabara de chegar. Embora Fábio nunca estivesse presente no jantar ou em qualquer refeição, Darcy sentia sua falta. Será que o filho estaria se alimentando bem? É certo que não.

A comida da cadeia não podia ser comparada à sua. Ela mesma, desde que Fábio fora preso, não se alimentava direito. Roberto e Juliana viam o estado de Darcy e estavam preocupados. Decidiram para a próxima semana falar com Ayrton sobre quando seria o julgamento para que pudessem ter uma definição da real situação de Fábio.

Juliana pensou em levar a mãe para fazer compras no *shopping*. Um vestido novo para ela também, talvez isso a animasse um pouco.

Assim que amanheceu, Juliana conversou com a mãe sobre irem juntas fazer compras, mas Darcy disse que não queria. Preferia ficar em casa e ler o livro que Juliana emprestara.

Talvez fosse melhor para a mãe ler o livro. Quem sabe ele pudesse confortá-la de alguma forma.

Após o café, Juliana então se aprontou e foi ao *shopping*. Compraria algo florido e alegre.

Após percorrer algumas lojas, ela logo se encantou com um vestido que estava na vitrine.

Como Juliana era magra, o vestido serviu como uma luva. Poderia pagá-lo e ficou feliz com a compra. Causaria boa impressão. Prenderia o cabelo num coque e usaria os brincos de pérola falsos, mas que lhe ficavam muito bem. Resolveu tomar um sorvete. Estava calor e pela cor do céu não demoraria muito a chover.

Voltou para casa a tempo de não se molhar. Raios e trovões agora dominavam o céu. Que bom que chegara a tempo, pensou.

Resolveu aproveitar o fim do sábado para fazer algumas arrumações em seu quarto.

No jantar falaria aos pais sobre o almoço com Fernando. Esperava que eles entendessem e não ficassem chateados com o convite feito somente para ela.

Assim que o jantar estava terminando, Juliana conversou com Darcy e Roberto. A mãe disse que não se importava, e o pai ficou aliviado de não precisar ir. Gostava de encontrar com os amigos no bar perto de casa para conversar ou então ficar vendo futebol pela televisão.

Juliana também ficou aliviada. Teriam uma nova oportunidade para se conhecerem e esperava que, quando essa chegasse, tudo corresse bem.

Capítulo 16
Outra visão

Juliana não podia negar que estava apreensiva. Ouvira falar de Virgínia. Em tempos atrás sempre aparecia nas colunas sociais ou revistas. Agora pela crise que a fábrica passara e também por já ter certa idade, não aparecia como antes, mas seu nome era respeitado. Como essa senhora a veria?

Fernando, por sua vez, também estava ansioso com o almoço. Sabia que sua mãe tinha reservas quanto a qualquer que fosse sua pretendente. Conhecia as preferências dela e com certeza Juliana não se encaixava nos padrões, mas acredita que a jovem a conquistaria, assim como fez com ele.

Fernando foi buscar Juliana em sua casa. Darcy estava no fogão, e Roberto como sempre na frente da televisão. Não quis entrar e esperou Juliana no carro, tocando apenas a buzina para que soubesse que ele já havia chegado. Juliana despediu-se dos pais e entrou no carro cumprimentando-o com um beijo. Estava bonita. O vestido florido dava-lhe um ar de menina, e isso encantava Fernando. Saíram em direção à residência de Fernando. Ele então contou sobre a fábrica, de como vinha recebendo encomendas, e ambos concordaram que a ideia do torneio fora um bom negócio.

Fernando notou que Juliana não estava à vontade como de sempre, mas resolveu não comentar para que não ficasse mais angustiada.

Chegaram. Juliana nunca havia visto uma casa tão bonita. Os jardins que a circundavam eram lindos, assim como a residência em si. Era uma casa antiga, mas muito bem cuidada.

Assim que entrou, Juliana não pôde deixar de observar os móveis antigos, mas com requinte. Porta-retratos sobre um aparador mostravam a família de Fernando. Tudo de muito bom gosto e tradicional.

Virgínia desceu as escadas e foi até a sala de estar onde o casal se encontrava. Era uma senhora distinta de cabelos brancos. Trajava saia azul-marinho e blusa branca, além de um conjunto de brincos de ouro.

Cumprimentaram-se e Virgínia percebeu a mão gelada de Juliana.

Sentaram e a jovem comentou sobre a beleza de sua casa. Aproveitou o momento para entregar o livro que havia comprado, e Virgínia agradeceu pelo presente.

Virgínia quis levá-la para conhecer os jardins, e Fernando ficou feliz em ver o empenho da mãe por querer agradá-la. O almoço estava servido. A mesa muito bem posta trazia um arranjo de flores ao centro. Virgínia disse que foram colhidas do próprio jardim, e Juliana mais uma vez admirou todo o cuidado com que Virginia cuidava da casa e fazia questão em dizer que ali tudo era seguido como ela queria. Fernando percebeu a intenção da mãe, mas tentou mudar o rumo da conversa.

O almoço transcorreu tranquilo, embora Juliana estivesse com pouca ou quase nenhuma fome.

Só comeu um pouco da sobremesa. Precisava de um doce para se acalmar, e aquela *mousse* de chocolate e pedaços de damasco estava deliciosa.

Após o almoço, o café fora servido no jardim de inverno. Embora houvesse sol, estava uma temperatura agradável, o que favorecia o cultivo de algumas orquídeas que se encontravam em vasos ali.

Juliana admirou-as mais uma vez, e Fernando disse para escolher uma. Juliana ficou sem graça, mas escolheu uma branca. A mãe não iria se importar, acreditou Fernando. Lá pelas 15 horas Fernando e Juliana despediram-se de Virgínia. Ele queria também ficar a sós com Juliana. Estava com saudades e queria conversar mais à vontade sem a presença de sua mãe. Juliana e Virgínia ficaram felizes com a decisão de Fernando em terminar o almoço.

No carro Juliana agradeceu a orquídea e elogiou o almoço. Fernando sabia que sua mãe era mestre em receber convidados, isso ele não podia negar.

Fernando parou o carro em uma praça onde havia jardins muito bonitos. Desceram e de mãos dadas caminharam por entre eles.

No momento não era preciso palavras, o fato de estarem próximos bastava a ambos.

Depois de caminhar um pouco por entre os jardins, resolveram sentar.

Fernando queria marcar o casamento para o fim do ano, mas Juliana disse que seria muito rápido; não que não o quisesse, mas precisava esperar o julgamento de seu irmão e dar a devida assistência a seus pais, e dessa forma não teria como cuidar dos preparativos. Fernando e Juliana queriam algo simples, mas ele concordou que no momento Juliana devia se dedicar a seus pais.

O tempo passou rápido e logo anoiteceu. Juliana apontou para o céu mostrando que o sol já havia se posto e as primeiras estrelas começavam a aparecer.

Fernando realmente não havia percebido e apontou para uma estrela. Comentou sobre o brilho dela e de que, ao deitar, gostava de ficar olhando para o céu. Juliana disse que fazia o mesmo, e ambos viram que havia mais uma coisa em comum entre eles. Foram em direção ao carro e Fernando levou Juliana até a casa dela.

A semana seria de trabalho intenso, e Juliana precisava dormir cedo.

A segunda-feira amanheceu diferente. Uma garoa agora cobria a cidade e a temperatura havia caído um pouco. O outono deixava já algumas folhas pelas ruas e calçadas. Juliana gostava de ver essa paisagem. Não gostava do calor. Preferia um tempo mais fresco. Assim que chegou ao jornal, viu que havia certa agitação, não que isso não fosse comum, mas estava mais que dos outros dias. O comentário era de greve no setor de transportes. A cidade começava a ficar parada. Juliana conseguira pegar o ônibus, mas talvez alguns de seus colegas não fizessem o mesmo. Seu Floriano pediu para que ela fosse com mais um fotógrafo do jornal ver o que acontecia, e Juliana ficou feliz em sentir mais uma vez a confiança do chefe a seu respeito.

Para Fábio a semana pouco lhe importava, se era domingo ou segunda-feira. Todos os dias pareciam iguais. Um amigo de cela emprestara-lhe também um livro onde o tema principal era caridade e livre-arbítrio.

Fábio mais uma vez então pensava em como usara o seu. Mas aquilo era passado. Estava decidido a mudar.

Sentia saudades de seus pais, da comida de sua mãe e do aconchego do lar.

Embora nos últimos tempos estivesse muito ausente, hoje via a falta que sua família lhe fazia.

Elevou o pensamento até Deus e pediu perdão. Logo seria seu julgamento e esperava que Deus o perdoasse e lhe ajudasse a superar aquela fase. Com o pensamento no alto, uma luz o envolveu e pôde perceber que era amparado. Sentiu um bem-estar muito grande e uma confiança que há muito não sentia.

Fábio estava encarregado de ajudar no café da manhã dos presos devido a sua boa conduta.

Nunca trabalhara. Agora ficava feliz em poder ajudar. Encerrou a prece e dirigiu-se para o refeitório.

Capítulo 17
A descoberta

O tempo foi passando. Juliana e Roberto estiveram com Ayrton a fim de saber como estavam os preparativos para o julgamento de Fábio. Seria dali a três semanas.

Roberto sentiu um aperto no coração. Como lhe doía ver o filho naquela situação. Juliana também sentiu o peito apertar. Imaginava que seria muito duro para seus pais estarem passando por isso.

Pelo menos no jornal tudo corria bem. Juliana soubera que ficaria no lugar de seu Floriano para cobrir-lhe as férias. Todos no jornal também souberam, e os olhares foram de admiração e espanto, afinal Juliana estava há menos de um ano no jornal.

Sabiam que era eficiente, mas pessoas que estavam há mais tempo lá poderiam fazer o mesmo.

Na realidade, esse pensamento era de Gustavo. Ele era um dos mais antigos ali e não se conformou em ver sua possibilidade de ascensão ir por água abaixo. Afinal, foram anos e anos se dedicando e seu Floriano escolheu uma novata para substituí-lo? Não, isso não estava direito. Precisava descobrir algo sobre Juliana que fizesse com que Floriano perdesse a confiança nela.

Juliana recebeu cumprimentos, mas não queria que sua relação com os colegas de trabalho mudasse, afinal seriam só por três semanas de férias que seu Floriano estaria ausente.

Sentiu no cumprimento de Gustavo algo inquietante. Não sabia o que era, mas seu olhar dizia que não estava contente.

Juliana não imaginava que seria seguida de agora em diante por Gustavo. Ela estava em sua mira. Haveria de descobrir algo sobre ela.

O tempo quando estava no jornal passava muito rápido. Já era hora de ir para casa. "Quando se trabalha no que se gosta, não sentimos o tempo passar", pensou.

Ao chegar à sua casa, viu que Darcy chorava.

Aflita, procurou consolar a mãe. Sabia o motivo de sua tristeza e tentou ajudá-la.

— O julgamento de Fábio está marcado para daqui a três semanas. Não quero que meu filho continue preso e seja condenado. — disse Darcy aflita.

— A senhora sabe que, no caso dele, fugir de uma condenação é praticamente impossível, mas por ser réu primário é muito provável que sua pena seja diminuída.

Darcy aos poucos foi se acalmando, mas não tinha condições de terminar o jantar. Juliana disse que não se preocupasse e fosse para o quarto descansar. Terminou ela mesma. O jantar praticamente estava pronto. Roberto acabara de chegar, e Juliana disse para que fosse tomar um banho. Naquela noite somente os dois iriam jantar.

Roberto sentia pena da esposa. Também ele sofria com tudo isso, mas imaginava como deveria estar sendo difícil para Darcy.

Deu um beijo na testa da esposa e perguntou se realmente não queria comer nada. Ela fez com a cabeça que não, e ele achou melhor não insistir.

O jantar foi em silêncio. Cada qual com seus pensamentos. Após jantarem, Roberto foi ver o jornal na televisão, e Juliana foi lavar os pratos. Não queria deixar essa responsabilidade para a mãe.

Gustavo também não jantou ao chegar à sua casa. Sua esposa Márcia notou que o marido estava preocupado ou que algo o incomodava, mas sabendo como ele era nervoso, não quis perguntar.

"Não é possível", pensou ele. "Tantos anos de dedicação e não ser escolhido para editor-chefe. Não, isso não é justo. Juliana há de se ver comigo!"

Eram 4 horas da manhã quando conseguiu pegar no sono. Sonhou que estava num lugar escuro e rostos disformes diziam o que ele deveria fazer. Concordava com o que diziam, embora não gostasse de estar ali. Queria fugir, mas seus pés estavam presos, como se fosse uma lama. Acordou assustado e com um grito. Márcia também se assustou. Gustavo pediu que ela lhe trouxesse um pouco de água. Assim que bebeu, foi se acalmando. Não quis mais dormir, já estava praticamente na hora de ir para o jornal. "Que sonho horrível", pensou.

Algo estava acontecendo, pensou Márcia, mas daria tempo ao tempo para que Gustavo lhe dissesse.

Chegando ao jornal, alguns colegas notaram a expressão abatida de Gustavo, mas conhecendo seu temperamento acharam por bem não perguntar.

Juliana também notou seu abatimento, mas não imaginava que seria ela a razão por ele estar assim.

Gustavo decidiu segui-la assim que saísse do trabalho. Tentaria ver seus hábitos e saber mais sobre ela.

Por alguns dias Gustavo se dispôs a seguir a rotina de Juliana e nada encontrou até então, até que certo dia, logo após o almoço, o telefone dela tocou. Era Fernando convidando-a para comer algo logo mais à noite. Ficou feliz em poder vê-lo. Encontravam-se nos finais de semana, mas sempre que podiam tentavam jantar ou almoçar durante a semana. E naquele dia não seria diferente. Gustavo percebeu que ela atendera ao telefone. Seria seu namorado? Sabia que não era casada. Talvez fosse se encontrar com essa pessoa mais tarde. Iria tentar descobrir algo que pudesse fazer com que seu Floriano perdesse a confiança nela.

Juliana queria poder se arrumar um pouco para ver Fernando, mas não teria tempo. Escovou os cabelos e passou um batom que tinha na bolsa. Naquele dia não poderia fazer mais que isso. Sabia que Fernando não se importava com essas coisas.

Sempre iam a um restaurante não muito longe dali. Juliana foi caminhando e, quando chegou, Fernando já estava na porta.

Beijaram-se e entraram no restaurante. Juliana não imaginava que há dias estava sendo seguida por Gustavo. Assim que viu Juliana encontrando-se com um homem, notou que já o conhecia de algum lugar. Mas de onde? Aquele rosto não lhe era estranho. Tentaria lembrar.

Esperou até que eles saíssem do restaurante. Tentaria ver de novo para descobrir de onde conhecia aquele homem bem vestido e de aparência familiar.

Saíram e Gustavo tentou ver mais nitidamente quem era o homem com quem Juliana fora jantar.

Agora lembrava quem era: o dono da fábrica de tecidos, de que Juliana fora cobrir o torneio. Não acreditava que ela estava se encontrando com ele. Seu

Floriano precisava saber disso. Era o que ele precisava para desmascarar a funcionária perfeita e assumir o lugar de editor-chefe no jornal. Juliana poderia ter enganado a todos, mas não enganara a ele. Tinha agora nas mãos um trunfo. Ao contrário da noite passada, ao chegar à sua casa, Márcia viu que Gustavo estava feliz.

Dissera a ela que havia se atrasado para o jantar devido a uma matéria de última hora que teve de redigir. Comeu com vontade. Descobrir algo sobre Juliana lhe abrira o apetite. Agora era esperar o dia amanhecer para conversar com seu Floriano.

Assim que chegasse ao jornal, falaria com ele. "Ela vai ver só", pensou Gustavo.

Capítulo 18
Segredo revelado

E mais uma noite Gustavo teve sonhos estranhos. Tinha péssimas companhias que o influenciavam negativamente. Acordou suado e assustado. Resolveu tomar um banho e se aprontar para ir ao jornal. Tomaria um café no caminho.

Ainda era cedo, e Márcia estava dormindo. Não iria acordá-la. Não queria conversar com ninguém, a não ser com seu Floriano.

Tinha muitas coisas para conversar com ele. Todos viam Juliana como uma boa moça, mas ela não era nada disso, pensou. Aliás, ela nunca o convencera com aquele jeito meigo e sendo amiga de todos.

Chegou ao jornal. Havia poucos funcionários, somente os que faziam plantão, e esses já estavam indo embora.

Seu Floriano deveria chegar mais tarde. Não sabia se esperava na sala dele ou em sua mesa.

Achou melhor ficar por ali e aguardá-lo. Quando ele aparecesse, iria ter com ele. Mal podia esperar. O tempo passava e nada. Até Juliana já havia chegado. Esperava pela satisfação em poder desmascará-la. Queria que seu Floriano a demitisse, mas se a tirasse de substituí-lo já ficaria feliz.

Seu Floriano chegou apressado como de costume e reclamando do trânsito lá fora. Viu que ele pediu para que alguém lhe trouxesse uma xícara de café e ele mesmo se dispôs a levá-lo. Aproveitaria e fecharia a porta para que ninguém os incomodasse.

Ao ver Gustavo entrando em sua sala estranhou, ainda mais com uma xícara de café, certamente havia algo, pois ele não se prestava a esse tipo de serviço.

— O que quer, Gustavo, para me trazer uma xícara de café? — perguntou seu Floriano.

Gustavo notou a impaciência do chefe. Sabia que ambos mantinham uma relação estritamente profissional. Gaguejando, começou a falar.

— Senhor Floriano, preciso conversar algo que irá lhe surpreender sobre um funcionário aqui do jornal.

Seu Floriano arregalou os olhos e arqueou a sobrancelha. Um frio lhe percorreu a espinha, mas pediu para que Gustavo dissesse, pois agora sua curiosidade e preocupação não permitiriam que Gustavo saísse dali sem falar o que era.

— Diga, Gustavo, o que sabe?

Gustavo então pediu para sentar; seu Floriano consentiu e também ele se sentou. Era melhor escutar o que quer que Gustavo fosse lhe dizer sentado.

— É sobre Juliana.

Seu Floriano fez com a cabeça para que continuasse.

— Ela está namorando ou saindo com Fernando, o dono da empresa têxtil de quem o Senhor mandou-a cobrir a matéria sobre o desvio de verba. Eu a vi jantando com ele ontem. Segui-os e pude ter a confirmação de que era ele. Ela está traindo a sua confiança, saindo com um homem do qual o Senhor pediu para averiguar a conduta e a negligência nos negócios. Certamente que, sendo seu namorado, talvez quisesse encobrir o que fizera de errado, e seu jornal pode ter veiculado uma matéria que não corresponde à verdade. O senhor não concorda comigo?

Seu Floriano reconheceu que isso podia ser verdade, mas, conhecendo Juliana, achava que ela não agiria daquela forma. Prometeu averiguar os fatos e disse a ele que não se preocupasse. Sabia que a intenção de Gustavo era tirar Juliana de substituí-lo, mas mesmo que fizesse isso jamais colocaria Gustavo em seu lugar. Não confiava nele. Sabia que era ambicioso.

Fazia direito o seu trabalho no jornal, mas substituí-lo como editor-chefe, jamais.

— Prometo a você, Gustavo, que irei esclarecer toda essa história. Obrigado por vir me informar.

Gustavo saiu da sala de seu Floriano acreditando que fizera o correto.

Queria que ele resolvesse aquela situação chamando Juliana e colocando os fatos na presença dele. Queria ver só a cara dela quando dissesse que a havia visto na companhia de Fernando. Juliana não poderia negar.

Seu Floriano até perdera a vontade de tomar o café. Seria possível que Juliana estivesse saindo com o dono da fábrica?

"Por que não?", pensou ele. Não seria nada demais. Ela era solteira e ele não estava casado, mas o que o incomodava era saber se a notícia que saiu no jornal correspondia à verdade.

A vida de Juliana pouco lhe importava, mas resolveu chamá-la para conversar.

Juliana mal podia imaginar que o que a levaria à sala de seu Floriano pudesse ter relação com Fernando.

Seu Floriano pediu que se sentasse e ela o fez. Assim que ele começou a falar, Juliana pôs-se a chorar.

Sabia que isso poderia ocorrer, mas não imaginava que fosse tão rápido. Viu que Gustavo não tirava os olhos deles. A sala onde estavam era envidraçada como a da maioria dos editores em seus jornais. Sabia agora da intenção de Gustavo em tirá-la do caminho. A sensação de desagrado que pôde ver nos olhos dele mostrara-lhe que sua intuição estava certa.

Não teve como negar seu envolvimento com Fernando, mas lhe assegurou que tudo o que dissera a respeito do que havia averiguado fora a verdade e também sobre o torneio.

Seu Floriano viu que ela realmente nutria um sentimento forte pelo dono da fábrica e soube inclusive que iriam se casar.

Ficou com pena da jovem. Sabia que com as coisas do coração era impossível frear qualquer sentimento.

Ele mesmo em outros tempos fora apaixonado por uma moça, mas por razões que só o destino sabe dizer não ficaram juntos.

Resolveu dispensá-la e lhe assegurou que nada mudaria no que havia combinado.

Juliana, com o rosto inchado, foi até o toalete lavar-se. Seus colegas de trabalho viram que algo acontecera ali, mas não falariam a respeito no momento.

Conheciam Juliana, e algo realmente a teria chateado para que ficasse naquele estado.

Gustavo esperava ansiosamente por saber o resultado daquela conversa.

Ele seria o novo editor-chefe do jornal? Esperava que seu Floriano tivesse tomado a decisão mais acertada.

O dia foi passando no jornal e nenhuma notícia lhe chegava aos ouvidos. Será que Floriano iria permanecer com Juliana em seu lugar?

Gustavo não se concentrava em mais nada a não ser na perspectiva da nova posição que queria ocupar.

Aguardava cada movimento de seu Floriano. Será que ele não o chamaria para dar uma devolutiva? Será que permaneceria com Juliana no cargo? "Não. Ele não faria isso. Isso não está certo. Ela demonstrou não ser de confiança", pensou.

Resolveu ir até a sala de seu Floriano para tirar informações a respeito.

Seu Floriano, assim que viu Gustavo na porta, pediu para que entrasse. Conversou com ele sobre o que ele havia dito e para surpresa de Gustavo viu que nada havia mudado.

Não se conformou e disse para seu Floriano que queria pedir demissão, pois não sabia trabalhar num jornal onde havia mentiras e pessoas que possuíam caráter duvidoso.

Seu Floriano não esperava a demissão de Gustavo, mas achou melhor assim.

Pediu para que passasse no departamento de recursos humanos. Gustavo já trabalhava há mais ou menos dez anos e era bom funcionário. Sabia que esperava por uma promoção, mas não confiava o bastante para fazê-lo.

Gustavo não se despediu de ninguém. Arrumou suas coisas e ao passar por Juliana lhe dirigiu um olhar de ódio.

Juliana ficou assustada. Soubera através de Floriano que fora ele que a havia visto encontrar-se com Fernando. Achou melhor não dizer nada.

Todos no jornal se entreolharam, mas resolveram prosseguir cada qual com seus afazeres.

Juliana sentiu certo alívio em não ver mais Gustavo, mas não queria que fosse ela a responsável por ele haver tomado aquela decisão.

Pediu para ir embora mais cedo do jornal. Sua cabeça latejava e seu Floriano disse que tudo bem. Imaginava que Juliana não estivesse se sentindo bem.

Juliana ficou de ligar para Fernando para marcarem algo para o fim de semana, mas faria isso em outro momento.

Agora precisava descansar.

Capítulo 19
Arrependendo-se dos erros

O dia amanheceu e Juliana permitiu-se ficar mais um pouco na cama. Não teria problema se chegasse um pouco além do horário de costume.

Ainda na cama ficou pensando em tudo o que acontecera. Seu Floriano disse que não a tiraria do lugar de substituí-lo. Para ele o que esperava era que ela fosse uma boa funcionária, sua vida pessoal pouco lhe importava.

Agradeceu a confiança nela depositada, mas no fundo ficou sem jeito por tudo que ocorreu. Não teve a intenção de fazer nada de errado ou escondido, simplesmente aconteceu.

Apaixonara-se por Fernando desde a primeira vez que o vira. Sentia um amor tão grande por ele que imaginava mesmo que existiam outras vidas. Somente outra vida poderia explicar um sentimento tão profundo.

Marcariam uma cerimônia simples para o final do ano. Ele por já ter sido casado e ela por não gostar de ostentação. Queria simplesmente levar a vida ao seu lado e dividir seus dias com ele.

Juliana levantou, tomou uma chuveirada e desceu para tomar café.

A mãe pendurava roupas no varal e ela se serviu. A casa andava muito quieta nos últimos tempos. Juliana lembrou que, embora Fábio não passasse muito tempo ali com eles, em família, sempre que chegava ele brincava com a mãe ou contava algo novo.

Sabia que Darcy sentia falta de tudo isso. Emagrecera e andava abatida. Temia pela pena que Fábio pudesse pegar. O julgamento se aproximava e em suas orações pedia que o filho pudesse voltar para casa, embora soubesse que isso seria quase impossível.

Juliana pegou a bolsa, deu um beijo na mãe e saiu. Ligaria para Fernando na hora do almoço. No dia anterior não tivera cabeça para nada. Contaria o que ocorreu e sobre a decisão de seu Floriano em permanecer com ela à frente do jornal.

Ayrton ligou para Juliana para informar sobre como seria no dia do julgamento, que horas deveriam estar lá e como deveriam se comportar. O julgamento iria acontecer na próxima semana e no domingo iriam ver Fábio para dar-lhe um apoio.

Fernando procurou Juliana. Ela sempre ligava quando combinavam. Estranhou não ter ligado dessa vez. Juliana então contou sobre o que ocorreu, e Fernando viu que havia realmente um motivo para ter sumido.

Iriam almoçar juntos. Juliana disse que tinha pouco tempo, pois pedira para sair cedo no dia anterior e tinha de terminar uma matéria para aquele dia.

Fernando então combinou de ser por ali mesmo próximo ao jornal e ficaram de se encontrar ao meio-dia.

Queria logo ficar junto de Juliana de vez. Poder acordar e dormir ao seu lado, tomar café e quem sabe ter muitos filhos.

A ideia de ser pai hoje lhe trazia um sorriso em seu rosto. Não fazia questão quando de seu primeiro casamento. Agora pensava em constituir uma família, passear e tudo o mais que outros casais fazem.

Fernando, assim como Juliana, sentia seu coração bater mais forte ao vê-la.

Pediram um sanduíche, nenhum dos dois estava com muita fome. Conversaram, e Juliana contou sobre ir no domingo visitar Fábio. Fernando perguntou se queria uma ajuda. Juliana respondeu que não. Aquele era um momento entre eles, e embora Fernando estivesse prestes a entrar para a família, achou melhor que não fosse junto.

Sabia que sua intenção era ajudar, mas achou que Fábio e Darcy ficariam sem jeito com sua presença.

Fernando também propôs pagar um advogado, mas Juliana não aceitou.

Confiava em seu primo, e no fundo, o que quer que fosse acontecer, achava que a defesa em questão pouco ou quase nada iria alterar os fatos.

Conversaram mais um pouco, mas Juliana teve de ir embora. Despediram-se e ela lembrou o comportamento de Gustavo em segui-los. Bem, agora isso não faria mais sentido. Seu Floriano já sabia de seu envolvimento com Fernando e até de seu casamento. Não tinha mais nada a esconder. Aliás, nunca escondera, só não queria que o chefe soubesse de qualquer jeito o que ocorrera.

No dia seguinte, Darcy fora fazer compras no supermercado ali perto. Era sábado e queria preparar um bolo e uma torta para Fábio. Achou-o sempre magro cada vez que o via. Imaginava que o filho não estivesse com tanta fome, mas queria levar algo gostoso que ele pudesse comer. Fábio gostava do bolo de laranja e torta de carne moída, e era o que ela iria levar.

Juliana também tirou o sábado para fazer algumas coisas, como manicure e cuidar de umas peças de roupas suas. Nos últimos tempos não queria dar trabalho para a mãe, pois sabia que ela não estava com disposição e queria poupá-la. Darcy até se oferecia, mas Juliana achou por bem fazer ela mesma.

Roberto também estava calado durante o almoço. Juliana viu nos olhos do pai a tristeza que invadia sua alma.

Se pudesse voltar no tempo, faria de tudo para não ver seu irmão e seus pais passarem por isso. Queria poder ajudá-los, mas não tinha como. Só o tempo e Deus poderiam fazer algo por eles.

Em suas orações também ela pedira que Fábio fosse assistido por espíritos de luz, como havia lido num romance. Começava realmente a acreditar que algo além existisse. Isso lhe dava forças para confiar e seguir em frente.

O almoço terminou e Juliana disse para Darcy que deixasse a louça por conta dela e fosse descansar.

Darcy aceitou. Queria subir para o quarto e chorar. O peito lhe oprimia e precisava descarregar toda aquela tristeza.

Após arrumar a cozinha, foi à manicure.

Juliana combinara com Fernando de não saírem à noite para que pudesse dar assistência a seus pais.

Fernando concordou, embora Juliana soubesse que não seria de seu agrado. Ele sabia o que eram momentos difíceis em família e tentaria, se não pudesse ajudar, pelo menos não atrapalhar.

Juliana custou a pegar no sono. Darcy não quis jantar, e Roberto comeu algo no bar com os amigos.

Sabia que o pai queria ficar lá para esquecer o que os próximos dias lhes reservariam.

De um lado para o outro da cama Juliana pensava em Fábio. Por que um rapaz que teve tanto amor, carinho e educação foi se envolver com o crime? Por que não aceitou o emprego que ela lhe arrumara? Queria entender a razão de seu irmão ser assim, de ser tão diferente dela. Eram filhos do mesmo pai e da mesma mãe.

O fato é que sua insatisfação levou-o a andar com pessoas erradas. Pessoas que diziam ser seus amigos, mas Juliana sabia que não eram de verdade.

E agora ele se encontrava preso.

O que deveria estar passando na cabeça de Fábio?

E realmente Fábio também não conseguia há tempos dormir direito.

Também ele pensava em como fora parar ali. Por que se envolvera com pessoas de má índole.

No livro que lera, Fábio estudou a respeito do livre-arbítrio, que dá o poder de escolher e que nos sintoniza com o que há de bom ou mau, com o que é certo ou errado, e Fábio pôde entender que escolhera o pior caminho. Via que seus amigos na verdade não o eram e que a vida que sonhava não passava de ilusão.

Jamais imaginou estar preso e prestes a passar por um julgamento.

Se pudesse voltar atrás, queria ter a presença de seu pai e de sua mãe a seu lado. Estar com eles em sua casa e comer a comida feita por sua mãe. Hoje para ele não importava se a casa era simples ou se não tinha o carro do ano ou as roupas de marca.

Não, isso não valia de nada. O amor e o carinho de seus familiares, isto sim, era o que lhe havia de mais caro. Todo o resto não tinha importância, mas agora era tarde.

Capítulo 20
O julgamento

O sol começava a despontar. Fábio pôde ver por uma fresta da janela da prisão e teve de levantar para se aprontar para o julgamento. Pediu a Deus que não o abandonasse. A dor o fez mais maduro, e, independentemente de qual fosse o resultado, seria um novo homem.

    Juliana e seus pais acabavam de chegar ao Tribunal de Justiça. Ayrton já os esperava e veio falar-lhes. Darcy e Roberto eram a expressão da dor e da angústia. O advogado tentou acalmá-los, mas foi em vão. Juliana, mais controlada, entrou no salão com eles e sentaram-se. Algumas pessoas já estavam presentes, além dos familiares do comerciante morto no assalto. A dor deles também não era diferente. Cada qual respondia pelo seu sofrimento e somente lá do alto teriam a resposta para o porquê de tudo aquilo. Mas agora cada um deveria ser forte e fazer do perdão uma ferramenta para poder prosseguir.

O acusado entrou no salão. Fábio mostrava-se abatido. Darcy viu no rosto do filho o arrependimento e a dor que sentia naquele momento.

Os jurados tomavam seus lugares e o Juiz também acabara de entrar. Pediu silêncio e fez algumas ressalvas para começar o julgamento.

Ayrton começou a falar em nome de Fábio. O julgamento terminaria naquele mesmo dia, aproximadamente pelas 17 horas. Agora eram 9 horas da manhã.

Defesa e acusação se enfrentavam. Um dos familiares com os nervos à flor da pele também tentou falar, mas foi impedido pelo Juiz.

O ambiente era tenso e o Juiz deu prosseguimento no julgamento.

Na hora do almoço, houve uma pausa e todos se retiraram. Darcy quis abraçar Fábio, assim como Roberto, mas se limitaram a um olhar. O rapaz viu a expressão de dor em sua mãe, mas pediu com um gesto de mão que tivesse calma.

Darcy e Roberto não queriam comer nada, mas Juliana insistiu para que fossem numa lanchonete ali perto tomar algo, pelo menos um suco. Ela mesma não quis comer nada, mas pediu três sucos e tentou manter a tranquilidade para que seus pais também ficassem calmos.

Permaneceram por mais alguns minutos na lanchonete, mas Darcy queria voltar e ver o filho novamente.

Juliana disse que teria de aguardar o início do julgamento e que só após a leitura da sentença talvez pudessem ter alguns minutos com ele.

Chegaram e as pessoas tomavam seus lugares novamente. Fábio tinha comido muito pouco. Foi-lhe oferecida uma refeição, mas ele praticamente não tocou na comida.

O Juiz entrou. Agora era a defesa que iria se pronunciar.

O tom alterado do advogado de acusação dava ao cenário um clima de desconforto ainda maior.

Fora pedido para Fábio que se pronunciasse e contasse tudo a seu modo.

Fábio então mudou de lugar e começou a falar. Em um momento não conseguiu controlar o choro, e até mesmo o Juiz se surpreendeu com a atitude do rapaz. O Juiz notou em seu íntimo que aquele era um rapaz de bom coração, mas que fora levado por influências negativas. É claro que iria ter sua punição, mas pensaria de forma a que seu coração e sua razão andassem de mãos dadas para aplicar-lhe a pena.

Em determinado momento, os jurados se retiraram. Todos aguardavam a sentença.

Assim que retornaram, entregaram ao Juiz a decisão, e este pediu que todos ficassem de pé para a leitura da sentença.

Fábio também se levantou, e o Juiz então começou a ler:

— Diante dos fatos apresentados, eu, Juiz desta comarca, condeno o réu a dez anos de prisão em regime fechado, sendo que, ao cumprir metade da pena, poderá por bom comportamento tê-la modificada para regime semiaberto e assim progressivamente.

Houve um burburinho no recinto, e Darcy caiu desmaiada da cadeira. Juliana pediu um copo com água, e Roberto tentou abanar a esposa.

Fábio abaixou a cabeça. Fora-lhe dada a sentença por seu crime. Nada mais podia ser feito. Agora era seguir em frente procurando não errar mais.

Viu que a mãe não se sentiu bem, mas não pôde nem mesmo chegar até ela. Fora retirado da sala pelos policiais. Aguardaria a visita de Darcy para quando fosse permitido. De certa forma, pensou que talvez tivesse sido melhor não poder falar com eles. Aquele era um momento só seu e agora teria de lidar com aquilo tudo sozinho. Dessa vez, a mãe não podia passar mais a mão em sua cabeça e acobertá-lo perante o pai sobre o que fazia de errado. Não, isso não iria acontecer.

Assim que Darcy voltou ao normal, retiraram-se do recinto e foram para casa.

Juliana queria que aquele dia acabasse. Sua cabeça doía e precisava de um comprimido.

Darcy aos poucos ia recobrando a consciência e perguntou pelo filho.

Juliana explicou que o veria no próximo domingo ou quem sabe o outro. A mãe agora não tinha mais lágrimas. Ficou calada e um sentimento de impotência tomou lugar em seu coração.

Roberto também abatido não falou nada. Juliana podia ver no rosto do pai a mistura de decepção e tristeza.

Ela mesma queria poder estar sozinha para chorar. Fora muito difícil ver seu irmão naquele tribunal. Esperava, do fundo de seu coração, que Fábio aprendesse com a lição. Não, nunca quisera coisa semelhante para o irmão, mas Fábio escolheu um caminho em que isso fatalmente podia acontecer.

Em casa, Darcy subiu com Roberto para o quarto. Ele ajudaria a deitar-se e queria ficar a sós com sua esposa.

Juliana foi fazer um café e tomaria um comprimido. Mais tarde ligaria para Fernando.

Tivera a licença do dia para não trabalhar.

No dia seguinte estaria novamente no jornal. A vida tinha de continuar. Na próxima semana Juliana seria a editora-chefe do jornal e não queria decepcionar seu Floriano. Agora o que está feito está feito. Fábio teria sua prisão relaxada após cinco anos por bom comportamento. Acreditava que o irmão conseguiria. Sabia que já estava trabalhando dentro do presídio, e isso obviamente contava para que fosse posto em liberdade. Acreditava firmemente que Fábio sairia de lá com outro olhar a respeito de tudo.

Após tomar o comprimido, Juliana deitou no sofá. A cena do Juiz lendo a sentença não lhe saía da cabeça. Adormeceu e teve um sonho confuso. Via a mãe vestida de outra forma, e Fábio com ela. Eram eles, mas ao mesmo tempo pareciam pessoas diferentes. Roberto também aparecia no sonho, e todos pareciam já terem vivido em outro tempo e lugar.

Acordou e viu que fora um pesadelo. Deveria ser por tudo aquilo que passara e ficara em seu pensamento, ou será que não? Talvez realmente estivessem todos juntos em outra vida, como dizem os livros que havia lido.

Tentou dormir novamente, mas ouviu um barulho na cozinha. Darcy levantara-se e fora comer algo. Roberto havia saído. Precisava espairecer e fora até o bar.

Deu um beijo na mãe, mas viu que esta permanecera imóvel. Tentou conversar, mas Darcy demonstrou não querer conversa. Então subiu e foi tomar um banho. Queria tirar aquelas roupas e se refrescar. O tempo úmido, abafado daquela época, era incômodo, e um banho ajudaria a se refazer.

Agora com a dor de cabeça mais branda, ligou para Fernando e contou-lhe tudo o que aconteceu.

Fernando sentiu a tristeza de Juliana e se dispôs a fazer algo. Juliana agradeceu e disse que por hora nada seria possível.

Fernando entendeu e disse que podia contar com ele para o que precisasse. Juliana agradeceu e sabia realmente que poderia contar com sua ajuda.

Tentou ver um pouco de televisão, mas não conseguiu. Precisava descansar para ir trabalhar no dia seguinte e voltou a deitar. A vida teria que continuar e, embora ficasse triste em ver sua família passar por tudo aquilo, nada mais poderia ser feito. Adormeceu.

Fábio também em sua cela pensava em tudo que ocorrera naquele dia. Cinco anos passariam depressa, e quem sabe conseguiria a liberdade provisória no regime semiaberto. Arrumaria algum emprego e poderia ir almoçar na casa da mãe e vê-la todos os dias, pensou. Deus lhe daria forças para não desanimar e prosseguir. O cansaço se abateu sobre seu corpo e ele também adormeceu. Amanhã seria um novo dia.

Capítulo 21
Tudo volta ao normal

Juliana acordou mais bem disposta e sem dor de cabeça. O comprimido que tomara fizera-lhe um efeito renovador, tirando-lhe também a dor do corpo. Sentia-se melhor.

Queria chegar mais cedo ao jornal. Seus pais ainda dormiam. Falaria com eles depois. O cansaço do dia anterior fora grande e era melhor que eles descansassem.

Tomaria um café na rua e seguiria para o jornal. Seu Floriano não iria. Ficaria arrumando as coisas para a viagem de férias, como passaporte e outras questões. De qualquer maneira, aquele dia seria uma primeira experiência. Estaria à frente do jornal, mas na segunda e por três semanas seria ela a tomar decisões e a fazer o melhor para que seu Floriano não se decepcionasse.

Tomou algumas providências assim que chegou. O dia a dia de um jornal era bastante ativo. Ninguém permanecia parado, e Juliana trabalharia mais do que nunca.

Fernando até pensou em ligar para ela, mas sabia que seu dia seria corrido.

Ele também tinha muitas coisas a fazer. Depois que liquidou a maior parte das dívidas com o evento, havia muito trabalho a ser feito com as novas encomendas.

Estava feliz em ver que tudo havia dado certo. Não se incomodava de trabalhar de sol a sol. Queria era ver sua fábrica expandir. Nada lhe dava mais prazer que tocar o negócio da família. "Bem, estar com Juliana é o que mais me dá prazer", pensou, e um sorriso passou por seus lábios.

Darcy levantou abatida, e Roberto já fazia café. Não quis incomodá-la, e ela agradeceu.

Sentia o peso por todo o seu corpo. Parecia que havia levado uma surra, e realmente sua alma estava dolorida. Nada neste mundo fora-lhe tão doloroso e cruel quanto a cena de ver seu filho sendo julgado. Será que errara? Será que havia sido permissiva demais em sua criação? Essas e outras questões passavam por sua cabeça.

Roberto ofereceu-lhe uma xícara de café. Havia comprado pão fresco. Sabia que a esposa gostava de pão quente e queria agradar-lhe. Darcy esboçou leve sorriso de agradecimento e bebeu um gole de café. Depois comeu um pouco de pão, mas só isso. Estava sem fome. Foi para o sofá e pegou o livro que Juliana havia lhe emprestado. Será que tudo era mesmo da forma como dizia o livro? Que vivemos várias vezes até atingirmos a perfeição? Darcy estudara até o quarto ano primário, mas sabia ler e escrever. Seus pais não tiveram condição de fazer com que ela estudasse ou fizesse faculdade. Logo se casou com Roberto e então se tornara do lar, mas com o pouco de conhecimento que recebeu conseguia entender aquele livro, o qual falava de erros e acertos, do livre-arbítrio e das muitas vidas que vivíamos.

Tomara que aquilo tudo fosse verdade. Queria ler aquele e todos os livros que pudesse. Ler algo que explicasse coisas pelas quais passamos e dar um porquê para elas era consolador.

Sentia-se melhor com aquela leitura e ficou ali. Roberto foi embora, sempre depositando um beijo em sua testa.

Darcy praticamente não se mexeu. Roberto entendia o que se passava em seu coração, mas ele tinha de trabalhar. Viu que a esposa se distraía com a leitura e achou muito bom. Darcy tinha poucas amizades, ao contrário dele, e seria bom que se distraísse com algo.

Darcy ainda ficou mais algum tempo por ali e praticamente leu todo o livro. Pediria outro para Juliana quando aquele acabasse.

Agora precisava levantar e cuidar da casa. Não tinha cabeça no dia anterior e também não tinha agora, mas devia colocar algo no fogo para cozinhar e lavar a roupa que estava no tanque.

Na hora do almoço, Roberto chegou e almoçaram os dois somente. Juliana ligou dizendo que não podia, mas que guardasse um prato para mais tarde. Agora sim, o fato de estarem somente os dois na casa fazia com que o silêncio invadisse sua alma. Sabia que ser mãe era criar os filhos para o mundo, mas agora mais do que nunca queria ver sua casa com seus filhos e netos, embora nunca pensasse muito nisso. Gostaria de ter pequenos a lhe pedir algo e poder cuidar, fazer guloseimas e passear de mãos dadas como fizera com Fábio. Ele adorava ir à pracinha andar de bicicleta. Certa vez machucou o joelho e veio ao seu encontro pedindo colo, e ela o abraçou e segurou e cuidou de seu joelho. Sim, queria viver tudo isso de novo. As lágrimas escorriam agora por seu rosto e Roberto viu, mas não falou nada. Teria de dar tempo ao tempo para que as feridas cicatrizassem.

Voltou para a oficina, e Darcy, assim que acabou de arrumar a cozinha, voltou para o livro. Aquilo lhe fazia bem.

A noite chegou, e Juliana também entrou em casa. Beijou a mãe e quis saber sobre o seu dia. Darcy falou-lhe do livro, e Juliana ficou feliz em ver que a mãe lera e gostara da leitura. Compraria quantos fossem necessários para vê-la bem. Quem sabe isso lhe desse um novo ânimo e ela conseguisse tirar algo de bom de tudo aquilo pelo qual estavam passando!

Subiu para tomar um banho e assim que fosse jantar conversaria mais com Darcy sobre a leitura.

Sentia uma ponta de esperança para a mãe e ficou feliz com isso.

Após o jantar, sentaram-se na sala e conversaram mais sobre a vida após a morte e se tudo aquilo era verdade.

Juliana não seguia nenhuma religião, mas acreditava que existisse algo por trás de tudo que passamos.

Darcy a ouvia, e Juliana percebeu que a mãe se interessava realmente pelo assunto. Que bom. Talvez ela e Darcy, ou até mesmo seu pai, pudessem começar a frequentar algum lugar onde houvesse leitura e explicações a respeito desse assunto.

Conversaram ainda por algum tempo, e Juliana prometeu comprar mais livros. Agora iria subir e descansar. Deu um beijo na mãe.

Roberto assistiu à televisão, mas falou que logo iria subir. Darcy ainda ficaria por mais tempo na sala. Não tinha sono. E lia aleatoriamente mais algumas partes do livro que havia separado para entender melhor.

Juliana sonhou com Fernando e mais uma vez teve a sensação de que já se conheciam. Seu rosto era diferente, e ela usava vestidos compridos.

Acordou com uma sensação de bem-estar e foi arrumar-se para ir ao jornal.

Seu Floriano avisou que chegaria cedo e ela queria passar para ele tudo que ocorrera no dia anterior. Esperava que ficasse satisfeito com o seu trabalho. Ela mesma queria que ele não se preocupasse e aproveitasse as férias.

Chegando ao jornal, viu que seu Floriano já estava lá e ele a parabenizou dizendo que já havia se informado a respeito de tudo e que tinha a certeza de que fora a melhor escolha para substituí-lo.

Juliana ficou feliz com o elogio. Aquelas palavras de incentivo fizeram-na acreditar que realmente estava preparada.

No jornal todos gostavam dela, e isso facilitaria o trabalho.

O dia estava apenas começando, e Juliana estava disposta. O chefe viu em seu rosto a satisfação com que trabalhava. Essa energia e disposição eram tudo de que o seu jornal precisava, pensou.

Capítulo 22
À frente dos acontecimentos

O fim de semana chegou e com ele a certeza de ver Fábio na prisão. O Juiz permitiu, e domingo iriam todos. Ayrton conseguiu a permissão, e Darcy não via a hora de poder abraçar seu filho. O sábado fora de preparação para a tal visita. Bolos e doces, tudo o que pudesse Darcy queria fazer para levar.

Aquele livro lhe deu uma esperança que não tinha, e conseguiu com aquelas explicações ver uma luz no fim do túnel.

Juliana viu a mãe disposta e também ela se sentiu confiante.

Juliana foi jantar com Fernando, mas lhe disse que não podia chegar tarde, visto que sairia cedo no dia seguinte com a família para ver seu irmão.

Fernando queria marcar o casamento para o fim do ano, e Juliana pensava que seria possível.

Seu irmão já havia sido julgado e acreditava que conseguiria sair do jornal por uma semana, ou quem sabe duas, para uma viagem de lua de mel.

Concordaram para o final de novembro.

Despediram-se, e Juliana tentou ir dormir. Estava ansiosa em poder rever o irmão.

Assim que Juliana levantou, percebeu que Darcy já estava de pé e com tudo arrumado para a visita de Fábio.

Roberto ajudou a acomodar os pacotes no carro e foram em direção ao presídio. Levavam uns quarenta minutos até lá, mas para Darcy aquilo parecia uma eternidade.

Após a revista pela qual todos são obrigados a passar para visitar algum preso, esperaram numa sala e logo Darcy viu seu filho entrar.

O choro era compulsivo, e Fábio pediu que se acalmasse. Lágrimas saíam dos olhos de todos e até mesmo o jovem pôde agora abraçar sua mãe e chorar como um menino chora quando cai ou se machuca, como aquela vez em que machucou o joelho e Darcy foi socorrê-lo.

Como era bom estar com eles. Agora via com mais clareza tudo que sua família representava.

Com a emoção refeita, sentaram-se e conversaram um pouco. Darcy mostrou-lhe tudo que havia trazido, e ele disse que comeria de tudo um pouco, mas que daria também aos presos com quem dividia a cela. Darcy então prometeu trazer mais da próxima vez, e todos riram.

Mais alguns minutos e teriam que se despedir. "Passou tão rápido", pensou Darcy, mas eram normas do presídio. Dali a quinze dias poderiam voltar novamente. Despediram-se e novamente a emoção tomou conta de todos.

Na volta para casa, Darcy contava sobre as condições do presídio, se ele conseguiria viver ali por cinco anos e tudo que uma mãe preocupada quer para que seu filho tenha o melhor. Faria muitas e muitas comidas e levaria, além de cobertores, travesseiros e livros. Não sabia se podia levar tudo isso. Pediu para que Juliana visse a respeito, e ela prometeu se informar.

O domingo estava perto da hora do almoço, e Juliana levou os pais para comerem algo em um restaurante em que muitas vezes fora com Fernando. Não queria que a mãe cozinhasse. Preferia que ela descansasse e se distraísse. Seria bom para a mãe sair um pouco e ficar sem as obrigações da rotina de casa.

Almoçaram, e Roberto elogiou a comida. Juliana fez questão de pagar. Agora tinha condições de levar seus pais a alguns lugares, que antes desempregada não podia.

Após saírem do restaurante foram para casa, e Roberto foi ao bar encontrar os amigos. Darcy perguntou para Juliana se já havia comprado outro livro e ela disse que naquela semana faria isso. Darcy foi coar um café.

O domingo estava terminando, e Juliana estava ansiosa e empolgada em substituir Floriano no dia seguinte. Esperava contar com a ajuda de todos no jornal.

A semana começou com a notícia de um grave acidente na rodovia próxima à cidade.

Parecia que havia muitas vítimas e feridos.

Juliana pediu para que dois de seus jornalistas, sendo um fotógrafo, fossem até o local. A vontade era de ela mesma ir e cobrir a reportagem, mas agora não podia fazer esse serviço. Teria de designar outros repórteres e aguardar as notícias que eles trouxessem.

Notícias iam e vinham, e Juliana viu que seria um dia cheio.

Um ônibus havia tombado de uma ribanceira e pelo que parecia havia dez vítimas fatais e muitos feridos.

"Que notícia triste", pensou. "Como deve ser duro para os familiares saber o que ocorreu."

Juliana era uma jornalista que se colocava no lugar do outro e não se contentava somente em dar a notícia pura e simplesmente.

A matéria sairia no dia seguinte, mas a notícia já estava sendo veiculada na mídia.

Juliana saiu tarde do jornal. Não fora almoçar e chegara perto das 22 horas em casa. Avisou a mãe que naquelas três semanas seria mais ou menos assim.

Chegou cansada e com fome. Realmente, seu Floriano deveria estar cansado. Há anos não tirava férias, e pensou que só o amor ao trabalho poderia ter feito com que aguentasse tanto.

Após o jantar, foi para o banho. Caiu na cama como quem não dorme há dias. Nem sentiu a noite passar e acordou assustada pensando ter perdido a hora, mas não. Lavou o rosto e tomou um gole de café, beijou a mãe e foi para o jornal.

A repercussão do acidente fora grande. Estava com o exemplar do jornal em sua mesa, e, embora triste, a reportagem ficou perfeita.

Infelizmente, quando trabalhamos num jornal, algumas notícias não são boas. Gostaria de dar aos leitores só as que fizessem bem em ler, mas nem sempre isso era possível.

Uma semana havia passado. A sexta-feira havia chegado. No fim de semana Juliana não se ausentaria do jornal como de costume. Ficaria um período para poder verificar o trabalho de quem estava de plantão.

Não iria ver Fernando, mas ficaram de ligar um para o outro. Três semanas passariam rápido. Tentaria durante a próxima semana almoçar ou algo assim com ele.

Pouco viu os pais no fim de semana também, mas tratou de passar em uma livraria e comprar outro livro para que a mãe pudesse ler.

Darcy sorriu ao ver que Juliana havia trazido o que lhe pediu, e Juliana, por sua vez, também ficou feliz em ver a mãe sorrindo.

Assim que acabasse com o serviço daquele dia iria começar a lê-lo, pensou Darcy.

Na quarta-feira Fernando ficou de pegá-la e iriam almoçar. Não aguentava mais de saudades, e Juliana também queria poder vê-lo.

Um longo abraço e um beijo apaixonado foram dados assim que ele a pegou no jornal.

O tempo de que Juliana dispunha não era muito, mas o suficiente para matar as saudades.

Fernando sabia que Juliana estava com muita responsabilidade no momento, mas falou sobre o casamento e ela disse que, quando seu Floriano voltasse, iria com o amado ver um lugar para que pudessem morar. Fernando queria comprar algo, uma casa, de preferência, mas queria a opinião de Juliana, e esta ficou feliz em saber que ele iria esperar por ela para decidir.

Ele a deixou de volta no jornal e ela retomou seus afazeres. Fora pouco tempo, mas estava feliz.

Capítulo 23
Mudança de atitude

A última semana começava e Juliana fazia um balanço de sua estada à frente do jornal. Na próxima segunda-feira seu Floriano estaria de volta e acreditava que ele ficaria feliz com o resultado.

Não houve nenhuma outra notícia grave como aquela do triste acidente na rodovia, só notícias comuns que saem todos os dias.

Darcy e Roberto haviam visitado Fábio no último domingo. Juliana não foi, mas ficou sabendo que ele gostara das guloseimas que sua mãe levara. Darcy aos poucos aparentava estar menos abatida. Esperava que sua mãe pudesse se recuperar.

Quem sabe começasse até a fazer outra atividade fora de casa. Estavam precisando de uma professora de corte e costura na sociedade de melhoramentos do bairro, e Juliana comentou com a mãe que poderia ser bom para ela ensinar algo, receber algum salário e ter seu próprio dinheiro. Darcy ficou de pensar sobre o assunto. Não seria má ideia ter seu próprio dinheiro. Dependia sempre de Roberto, e assim poderia até comprar seus próprios livros sem precisar da ajuda de Juliana. Sabia que a filha fazia de bom grado, mas ela mesma gostaria de ir à livraria e poder comprá-los.

A semana já estava agora na metade. Fernando e Juliana ficaram de ser ver no sábado à noite.

Ficaria de plantão só pela manhã e domingo à tarde.

Virgínia ia promover, depois de certo tempo, um jantar em sua residência e queria que Fernando estivesse.

Ele contou que traria Juliana, mas que não ficaria o tempo todo. Ligou para ela e falou a respeito do jantar.

Juliana pensou em não ir, mas não queria que ele ficasse magoado. Aceitou. Fernando disse que seria só um pouco para que a mãe não estivesse sozinha para receber os convidados. Eram amigos de seu pai e de sua mãe, e Juliana disse não haver nenhum problema, entretanto sabia que pela primeira vez participaria de reuniões com as quais não estava acostumada e que seria avaliada por todos. Isso não a preocupava, queria é que Fernando gostasse dela, e isso já acontecera.

Após sair do jornal no sábado, passou em casa e falou para a mãe que iria ao salão arrumar-se um pouco para o jantar que tinha logo mais. Convidou Darcy para ir junto e, para sua surpresa, ela aceitou.

Foram as duas, e Roberto gostou da atitude da esposa.

Darcy disse a Juliana que pensara a respeito do que ela falou sobre as aulas de corte e costura e resolveu aceitar. Juliana abraçou a mãe e disse que seria muito bom para ela.

De volta a casa, Juliana foi descansar um pouco e Darcy retornou sua leitura. Passaram no mercado a fim de comprar algo pronto, de forma a que Darcy não se preocupasse com o jantar.

Juliana colocou um vestido preto até os joelhos e, com o cabelo solto e penteado, estava bonita.

Um batom discreto e um par de brincos acabaram por enfeitá-la; agora era só esperar Fernando chegar.

Assim que a viu, beijou-a longamente e disse que estava linda. Juliana corou e foram para o jantar.

Juliana sentiu os olhares de aprovação dos convidados. Não eram muitos, mas a casa parecia cheia ou pelo menos mais do que da última vez, quando almoçou com Fernando e Virgínia.

Fernando e Juliana foram cumprimentados por alguns convidados a respeito da notícia de seu casamento, e ele disse que seria algo muito simples. De qualquer forma, acreditavam que aqueles amigos mais íntimos eles teriam de convidar.

Após o jantar, despediram-se e Virgínia ainda permaneceu com mais alguns amigos em sua casa. Fernando queria estar só com Juliana e saíram rapidamente. Ele viu o olhar de reprovação da mãe, mas já havia avisado de antemão.

Puderam ficar a sós e matar as saudades. Fernando queria que Juliana passasse a noite toda com ele e Juliana disse que logo estariam casados.

Fernando, embora ficasse chateado, entendeu a jovem e concordou meio contrariado.

Despediram-se. Em seu quarto, Juliana refletia sobre os últimos acontecimentos. Parecia que agora tudo estava correndo melhor, tanto em sua vida como na de Fernando e sua família.

Acreditava que o tempo ajudaria todos a se recuperarem e que também alguém lá em cima gostava dela, pensou, e seu pensamento alcançou esferas mais altas. Juliana não podia ver, mas sua avó materna encontrava-se a seu lado e ficava feliz em ver que sua neta também estava feliz.

Francisca era avó de Juliana, mas ela não a conhecera quando nasceu. Havia desencarnado pouco antes. Juliana ouvira Darcy falar dela e havia visto algumas fotos. Francisca acompanhara todo o sofrimento de sua filha com a prisão do neto e velava por ela e por todos para que tudo dentro das possibilidades saísse bem.

Agora vendo que tudo estava como fora permitido pela vontade de Deus e da Espiritualidade, que ajudaram nesse processo, Francisca retornava ao plano espiritual, depositando um beijo na testa da neta.

Juliana acordou bem disposta. Seu sono fora repousante e uma agradável sensação a acompanhava. Sentia como se alguém a estivesse protegendo, não sabia explicar direito, mas era uma sensação muito boa.

O jornal estava tranquilo. Durante a semana era mais agitado. Tudo correra bem, e acreditava que Floriano ficasse satisfeito. Ele ligou e disse que na segunda-feira em seu horário habitual estaria por lá.

Checou tudo e na hora do almoço saiu. Juliana tomou um táxi, pois de domingo a condução demorava mais. Em determinado ponto pediu para que o táxi a deixasse e foi a pé o restante do caminho. Queria andar um pouco e respirar ar puro. Desceu perto da lagoa, e muitas famílias estavam passeando por lá para se divertir, seja pescando ou caminhando, ou levando as crianças para brincar. Resolveu sentar um pouco e observar tudo aquilo. Pensou em quando tivesse seus filhos com Fernando; queria um casal. Ficou imaginando em como eles seriam, se de cabelos ondulados como ele ou lisos como o seu. Se de pele mais branca ou mais morena como a sua. De qualquer forma isso não importava.

Queria que tivessem saúde e iria educá-los, amá-los e ensinar-lhes bons exemplos. Queria que tivessem valores e acreditassem em Deus. Estando ali só pôde contemplar toda aquela beleza que só o criador poderia proporcionar, agradeceu a Deus pela superação das dificuldades pelas quais havia passado e por ter nascido numa família que tivera condições de fazer com que ela estudasse e se tornasse uma mulher responsável e de princípios.

Pensara no irmão e como ele tivera as mesmas oportunidades, mas não seguiu o mesmo caminho. De qualquer modo, Fábio agora teria nova oportunidade, e acreditava que não a deixaria passar.

Levantou-se e foi para casa. Queria ficar um pouco com seus pais e descansar. O dia já estava entardecendo. Passaria na padaria para comprar pão e tomar um café gostoso com seus pais. Amava-os e sempre faria tudo que pudesse por eles.

Capítulo 24
Novos tempos

Quando chegou ao jornal, seu Floriano já estava lá como dissera. — Juliana, quero parabenizá-la por seu excelente trabalho. Eu não faria melhor.

— Obrigada, seu Floriano, mas na verdade eu fiz como aprendi com o senhor.

Floriano disse que dessa forma até pensou em se aposentar, pois sabia que o jornal estaria em boas mãos, e Juliana avisou que ainda precisariam muito dele por ali. Ele sorriu e disse que estava brincando. Sentiu-se feliz em ver que ainda existem bons jornalistas, cumpridores do seu dever e fiéis às notícias e ao público leitor.

O dia ia caminhando e Juliana em sua mesa redigia uma matéria, quando o telefone tocou. Era Fernando, dizendo que havia visto uma casa para que pudessem comprar, mas não queria fechar negócio sem que Juliana visse. Combinaram de se encontrar às 17 horas.

Fernando a pegaria, e Juliana pediu para sair um pouco mais cedo, pois precisaria da luz do dia para ver a casa.

Seu Floriano disse que não se preocupasse e fosse ter com Fernando.

Às 17 horas em ponto Fernando estava lá para buscá-la. Juliana estava ansiosa. Sabia que Fernando queria logo casar e arrumaria tudo o quanto antes, mas não imaginava já ter encontrado uma casa.

Chegando ao local, um rapaz da imobiliária já estava esperando-os. Cumprimentaram-se, e Juliana viu que era uma linda casa. Não era tão grande como aquela em que Fernando morava, mas ainda assim bem maior do que a sua. Era de um tom azul e janelas brancas. Havia jardins em volta e tudo era aconchegante. Entraram e notaram que os cômodos eram enormes. Atrás da casa existia até uma piscina, e Juliana pensou que deveria ser muito cara, mas Fernando disse que, se ela concordasse, fecharia negócio. Juliana fez que sim com a cabeça, e Fernando, então, estendeu a mão para o corretor e disse que ficariam com o imóvel.

O corretor ficou de ver os documentos necessários para a compra e ligaria para Fernando.

Fernando abraçou Juliana e disse que não via a hora de morar ali com ela e ver seus filhos correndo em volta da piscina e brincando com eles.

Juliana o beijou e disse que também ela esperava por isso. Que o amava mais que tudo e queria viver todos os dias ao seu lado.

Foram embora, e Fernando a levou para casa.

A casa que Fernando acabara de comprar ficava no meio do caminho entre a sua e a de Juliana. Poderia dar assistência a seus pais e queria que estes tanto quanto Virgínia fossem visitá-los. Fernando acreditava que sua mãe não os visitasse tanto quanto gostaria, mas de qualquer forma a receberia com todo o carinho.

Quem sabe com o tempo Juliana não a encantasse assim como fez com ele. Virgínia tinha suas reservas sobre o que achava ideal para uma esposa, mas via que realmente estava apaixonado e seria difícil fazê-lo mudar de ideia.

Juliana entrou em casa contando a novidade. Roberto abraçou a filha e ficou feliz por ela. Darcy também a cumprimentou e, embora quisesse seu irmão tocando a vida como Juliana, sabia que a filha merecia que as coisas estivessem correndo daquela maneira e a beijou.

Juliana contava os detalhes cobre a casa, e Roberto imaginou que deveria ter custado muito caro, mas Juliana falou que Fernando disse que não se preocupasse com isso. Darcy comentou que iria precisar de uma empregada, já que a casa era tão grande, e Juliana falou que, como continuaria trabalhando fora, provavelmente colocaria alguém para ajudar.

Subiu e foi tomar um banho para jantar.

Fernando também contava a novidade para Virgínia. Ela ficou feliz pelo filho. Por um momento pensou que ele pudesse ir morar com ela. Adoraria morar a vida toda com ele, mas não queria dividir seu espaço com Juliana. Preferia ficar só e tê-lo como visita, preservando sua intimidade. Não queria outra pessoa mexendo em suas coisas ou dando opinião na casa. Sua fiel escudeira Lídia estaria ali para ajudá-la. Lídia era sua empregada há muitos anos e, além de cuidar da casa, fazia-lhe companhia nos últimos tempos.

Juliana ainda precisava dizer qual seria a melhor data para ela. Já estava tempo suficiente no jornal para poder tirar férias.

Fernando pediria para que Juliana resolvesse logo isso. Ele ficara de levar o mais breve possível os documentos necessários para a compra da casa. Depositaria o dinheiro e queria pegar logo as chaves.

À noite Fernando em seu quarto sonhou mais uma vez com Juliana. Reconhecia nela um amor de muitas vidas. Acordou e quis lembrar o que havia sonhado. Sabia que fora com ela. Sentia-se feliz só de saber que fora com ela.

Os tempos agora eram outros, e o que havia passado, passou. Agora era hora de começar a ser feliz, e Juliana fazia parte dessa felicidade.

Na manhã seguinte foi até a imobiliária e levou tudo o que o corretor pediu.

Aurélio estendeu a mão novamente a Fernando e disse que ele havia feito um excelente negócio. Fernando estava satisfeito e no final de semana pegaria as chaves. Ligou para Juliana para marcar um almoço com ela e contar os detalhes. Ela ficou de encontrá-lo no restaurante de sempre.

Na hora do almoço, Fernando mostrou-se entusiasmado, e Juliana ficou feliz. Disse que falaria com seu Floriano e havia pensado na melhor data para o dia 25 de novembro. Seria um sábado pelo que havia visto no calendário. Embora quisesse que tudo fosse muito simples, precisaria providenciar algo para a recepção. Sabia que Virgínia se empenharia em ajudar, pois não perderia essa oportunidade.

Juliana falou que não se importava com isso, que ele fizesse como achasse melhor. Sabia que a família de Fernando gostava de compromissos sociais e de informar a sociedade sobre o seu casamento. Chegando ao jornal, Juliana falou com Floriano. Disse que gostaria de marcar a data de seu casamento para novembro. Seu Floriano concordou e comentou que já estava na hora de tirar férias.

Juliana ligou para Fernando, que ficou muito feliz com a notícia. Poderia agora tratar de dar andamento aos preparativos.

Fernando falaria com Virgínia à noite. Pensou em uma recepção em sua casa para mais ou menos cinquenta convidados.

Voltou a seus afazeres na fábrica. Lá também tudo ia bem. Nem parecia que um dia passara por tantos problemas. Quem sabe se não fosse aquela situação, não tivesse conhecido Juliana. Coincidência? Destino? Não sabia dizer, só agradeceu por agora ela fazer parte de sua vida.

Capítulo 25
Eternamente juntos

Darcy e Roberto chegavam de mais uma visita no presídio. Acharam que Fábio, na medida do possível, estava bem. Parecia amadurecido e muito diferente de tempos atrás. "Infelizmente, teve que passar por isso para se modificar", pensou Roberto.

Bem, se tivesse de ver o lado bom de toda aquela situação, pelo menos Fábio estava trabalhando e estudando na prisão. Sempre vinha com alguma novidade para contar. É claro que sentia falta de casa. Sabia hoje o quanto os seus pais eram importantes e a falta que sentia de cada um. Ao se despedirem, beijou e abraçou Roberto, coisa que raramente fazia. Lágrimas vieram aos olhos ao se lembrar do beijo e abraço do filho.

Darcy também havia mudado. Já mais conformada, não apresentava em seu comportamento a revolta de antes. Talvez aquilo que andasse lendo nos últimos tempos estivesse lhe fazendo bem. Roberto foi até o bar, e Darcy foi preparar algo para comer. Era domingo, e Juliana foi passear com Fernando. Almoçaria com ele.

Fernando e Juliana compraram móveis, e já havia um jardineiro que estava cuidando dos jardins da casa.

Virgínia ajudava nos preparativos.

Juliana durante a semana iria ter uma prova de seu vestido. Seria a primeira. Pediu que Darcy fosse com ela. Fernando disse que seria uma noiva linda, mas Juliana comentou que era um vestido simples, e ele afirmou que iria encantar a todos com certeza.

Na segunda-feira à tardinha Juliana foi com a mãe na costureira, e Darcy se emocionou ao ver a filha vestida de noiva.

Juliana também gostou do trabalho feito pela costureira. Estava como queria. Voltariam dali a duas semanas.

Darcy fez um café e comeram com bolo ao chegarem de volta a casa. Darcy agora apreciava a companhia de sua filha.

Juliana subiu para o quarto e disse que não iria jantar. Teria de dormir cedo, pois precisava terminar uma matéria assim que chegasse ao jornal.

Fernando já havia distribuído grande parte dos convites. Juliana tinha poucos convidados. Virgínia também se mostrava empolgada com os preparativos para o casamento.

Juliana convidou somente os amigos do jornal e pediu para que seu Floriano fosse seu padrinho, junto de Márcia, sua melhor amiga.

Fernando escolheu dois amigos seus de infância para padrinhos.

Agora faltavam duas semanas para a cerimônia, e Juliana começou a sentir um frio na barriga cada vez que pensava na proximidade do dia.

Viajariam para a Europa, passando por Paris. Certa vez, Juliana contou sua vontade de conhecer Paris, e Fernando quis fazer-lhe uma surpresa colocando no roteiro de viagem.

Ao saber, Juliana ficou emocionada e agradeceu. Disse que nunca imaginara um dia poder realizar esse sonho. Iria se casar com o homem que tanto amava e ainda passearia ao lado dele na cidade que tanto a encantava.

Tudo agora estava pronto. O casamento seria no dia seguinte e Juliana pensou que gostaria muito que seu irmão estivesse presente na cerimônia, mas não seria possível.

O dia enfim chegara. Roberto estava elegante com aquele terno que Juliana comprara, e Darcy também estava muito bem com o vestido feito por ela mesma. A filha propusera que a costureira fizesse, mas Darcy disse que não queria que tivesse gastos com ela.

Juliana agora pronta dava uma última olhada no espelho de seu quarto. Uma batida se fez ouvir na porta, e ela disse para a costureira que poderia abrir. Era Roberto, que ficou emocionado ao ver a filha de noiva. Abraçaram-se e a emoção tomou conta de pai e filha.

A costureira pediu para controlar a emoção para que não borrasse a maquiagem, e Juliana riu.

O motorista de Virgínia viria pegá-los.

Um toque na campainha fez com que vissem que era chegada a hora.

Fecharam a casa e se dirigiram para a cerimônia.

Clodoaldo, motorista da família há anos, disse que seu Fernando era um nervoso só, e Juliana riu acreditando que ele realmente deveria estar como falou o motorista.

Os portões se abriram e Juliana e seus pais viram tudo enfeitado e lindo. Virgínia realmente sabia como preparar uma festa.

Os convidados agora já se posicionavam de pé aguardando Juliana.

Roberto deu o braço para a filha e a música começou a tocar. Darcy no altar junto dos padrinhos e Fernando logo mais à frente viram Juliana entrar com Roberto, e a emoção tomou conta de todos.

Um cumprimento entre Fernando e Roberto selou a entrega de pai para genro e um beijo na testa de Juliana fez com que Roberto agora tomasse o lugar junto de Darcy.

As mãos entrelaçadas de Juliana e Fernando permitiam o início da cerimônia.

Fernando era só felicidade, e Juliana prestava atenção ao sermão feito pelo juiz.

Terminada a cerimônia, um beijo de amor mostrava a união de ambos, e palmas foram ouvidas felicitando os noivos.

A festa estava linda. Tudo de muito bom gosto escolhido por Virgínia. Ela também era pura emoção. Após a partida de seu esposo, era Fernando quem ela esperava para o jantar e com quem dividia seus dias. Embora ele sempre estivesse mais na fábrica do que em casa, sentiria falta do filho. Juliana não era a sonhada nora, mas tinha de admitir que parecia ser uma boa moça.

Fernando abraçou a mãe e avisou que estava na hora de ir para o aeroporto. Disse para pedir desculpas aos convidados, que agora dançavam ao som da música, e Virgínia deixou que fosse sossegado. Juliana também abraçou Virgínia. Despediram-se de Darcy e Roberto, e Clodoaldo iria levá-los ao aeroporto.

O avião sairia dentro de três horas, e não queriam se atrasar.

O avião levantou voo, e tanto Juliana quanto Fernando pareciam não acreditar que finalmente estavam juntos.

O momento agora era de esquecer o passado e começar uma nova vida. Mais uma vez a união de ambos os fortalecera a superar as dificuldades.

O céu estrelado permitia que a aeronave fizesse um excelente voo rumo à viagem dos sonhos.

Do alto, dois espíritos acompanhavam o desfecho dessa história e ficaram felizes com a felicidade de Fernando e Juliana que estariam juntos por mais esta vida e por toda a eternidade.

Lurdes e Francisca, as avós maternas de ambos, fizeram uma prece ao criador agradecendo poder ver a felicidade dos netos e seguiram em direção a outra dimensão.

Fim

MÔNICA ANTUNES VENTRE

NAS MONTANHAS DO TIBETE
Mônica Antunes Ventre / Julius
Romance | Páginas: 240 | 14x21 cm

Inconformada com a traição do marido, Luísa resolve viajar e se afastar por um tempo. Atraída por uma revista de turismo, decide ir para o Tibete onde visita mosteiros, conhece uma nova cultura, novos hábitos e, para sua surpresa, encontra um presente maravilhoso que Deus lhe deu.

Av. Porto Ferreira, 1031 | Parque Iracema
CEP 15809-020 | Catanduva-SP
17 3531.4444
www.lumeneditorial.com.br | atendimento@lumeneditorial.com.br
www.boanova.net | boanova@boanova.net